PRAXIS
GESUNDHEIT

Ernst Stürmer

Geistig fit bleiben

Eine praktische Anleitung
zum Gehirntraining

HERDER
Freiburg · Basel · Wien

Bitte beachten Sie, daß die medizinische Forschung ständig zu neuen Erkenntnissen führt. Alle Ratschläge, Rezepte und Hinweise in diesem Buch wurden von Fachleuten sorgfältig erwogen und geprüft, doch kann keine Garantie oder Haftung für Auswirkungen und Folgeerscheinungen jeglicher Art übernommen werden. Alle Therapievorschläge haben Beispielcharakter und müssen vom behandelnden Arzt an die jeweilige individuelle Situation angepaßt werden.

Genannte Medikamente sind jeweils nur Beispiele. Der Leser ist aufgefordert, die Beipackzettel der Präparate sorgfältig zu prüfen und eigenverantwortlich zu entscheiden, ob die dort genannten Dosierungen und Kontraindikationen in seinem Fall einen Gebrauch zulassen. Grundsätzlich ist jede Medikation Aufgabe des behandelnden Arztes.

Grafische Mitarbeit: Helene Mayer

Alle Rechte vorbehalten
© Verlag Herder Freiburg im Breisgau 1992
Druck und buchbinderische Verarbeitung:
Ebner Ulm

ISBN 3-451-22505-0

Inhalt

Knoten im Taschentuch

Wegweiser

Ein Patient, den sein Gedächtnis im Stich läßt, sucht den Arzt auf und klagt: »Herr Doktor, ich kann mir nichts mehr merken. Ich vergesse alles sofort. Was soll ich machen?«

Der Arzt: »Im voraus zahlen.«

Ist das alles, was die Medizin Vergeßlichen raten kann?

Was alles verloren werden kann, ist auf den Fundämtern zu besichtigen: nicht nur Schlüssel, Brillen, Uhren, Regenschirme, Taschen, Bücher, Hüte, Mäntel und Sportgeräte, sondern ebenso Gebisse, Beinprothesen, Brautkleider und sogar eine Graburne samt Asche.

Ein österreichischer Unternehmer – so las ich in der Zeitung – kassierte im Casino den höchsten Automatengewinn, der je in Europa erzielt wurde – 1,5 Millionen Schilling –, wollte sich dafür einen schnittigen Sportwagen kaufen und legte seine Lederhandtasche mit dem Jackpot-Gewinn auf die Reserveradhalterung seines Autos, während er seinen Sakko auszog. Der Casino-Millionär verlor in der Eile seinen Schatz aus dem Gedächtnis, gab Gas, und die anderthalb Millionen Schilling – landeten nicht im Fundamt, sondern fanden einen neuen Besitzer.

Selbst wenn unsere eigene Vergeßlichkeit nicht so kostspielig ist, nachteilig ist sie jedenfalls.

Wenn Sie an Gedankenverlorenheit leiden, haben Sie drei Möglichkeiten:

Möglichkeit 1: Sie trösten sich mit dem Spruch des römischen

Schriftstellers Publilius Syrus (1. Jahrhundert vor Christus): »Alles, was man verlieren kann, sollte man als wertlos betrachten.«
Möglichkeit 2: Sie hoffen wider alle Regel, daß jeder Finder ehrlich ist und nehmen ein Abonnement im Fundbüro. Oder Sie halten es wie der Erfinder des Maschinengewehrs, der all sein Hab und Gut mit Aufklebern des Wortlauts versah: »Dies verlor ein Trottel namens Hiram Stevens Maxim, wohnhaft Union Street 325, Brooklyn. Der Finder erhält eine angemessene Belohnung.«
Möglichkeit 3: Sie lernen achtsam zu leben und sich zu konzentrieren.

Das erspart Ihnen in Zukunft: die Lesebrille zu suchen, obwohl sie auf der Nase sitzt; verlegter Schlüssel wegen das ganze Haus auf den Kopf zu stellen; sich das Gehirn zu zermartern, wo Sie Ihr Auto abgestellt haben; ratlos zu grübeln, was Sie eigentlich im Keller oder in der Küche holen wollten; und sich den Urlaub zu vergällen im Zweifel, ob Sie die Wohnungstür abgeschlossen oder den Gasherd abgestellt haben.

Vergeßlichkeit, Zerstreutheit, Unaufmerksamkeit, Geistesabwesenheit und Konzentrationsschwäche sind die ersten Signale des schleichenden geistigen Abbaus.

»Ich habe ein Gedächtnis wie ein Sieb«, heißt die Allerweltsklage. Nichts will mehr hängenbleiben im Oberstübchen. Es ist wie verhext.

Wir sind mehr und mehr angewiesen auf unser Ersatzgedächtnis – auf den Notizzettel – oder auf einen Hirnschrittmacher – einen Knoten im Taschentuch, der uns erinnern soll an ..., woran? Das haben wir inzwischen leider vergessen.

Bei der Merkschwäche bleibt es nicht. Geistiger Abbau hat unzählige Folgen, zum Beispiel: Lernschwierigkeiten, Denkblockaden (Blackouts), Verwirrtheit, Abschweifungen, Begriffsstutzigkeit, Reaktionsträgheit, Wortschatzschrumpfung, Einfallslosigkeit, Desinteresse, Blickverengung, Verbohrtheit, Rückschrittlichkeit ...

Ist der Mensch dem geistigen Verfall preisgegeben?

Was Hänschen nicht lernt, lernt Hans
Die gute Nachricht: Geistarm oder geistlos zu werden, ist nicht Schicksal.
Der Augenschein allein widerlegt schon die Meinung, daß der altersbedingte Hirnabbau gleichsam ein Naturgesetz ist.
Denken wir an Schauspieler, Sänger, Dichter, Komponisten, Dirigenten, Maler, Wissenschaftler, Erfinder und Politiker, die hoch im »Rentneralter« Grips, Ideenreichtum, Phantasie und Cleverneß versprühten, olympiareife Gehirnleistungen vollbrachten oder künstlerische Meisterwerke schufen: der Staatsmann und Erfinder Benjamin Franklin noch in seinen Achtzigerjahren, der Operettenkomponist und Filmmusikschaffende Robert Stolz mit 92, der Dirigent und Regisseur Herbert von Karajan mit 80 und der Maler und Bildhauer Pablo Picasso mit 90 – oder die Staatsmänner Adenauer und Churchill ebenfalls mit 90.
Johann Wolfgang von Goethe vollendete mit 82 seinen Faust (II. Teil). Der altgriechische Tragiker Sophokles schrieb mit 90 Jahren den »König Ödipus«. Giuseppe Verdi vertonte mit 80 »Falstaff«. Der Dirigent Karl Böhm unternahm noch mit 86 eine Japan-Tournee. 99 Jahre alt war Tizian, als er seine »Pietà« und die »Dornenkrönung« malte. Die Farmersfrau Grandma Moses begann erst mit 76 Jahren ihre »Sonntagsmalereien« – naive Landschaftsbilder mit volkstümlichen Szenen –, die sie als Laienmalerin weltberühmt machten. Volksschauspieler Hans Moser drehte mit 83 noch einen Film.
Der berühmte deutsche Historiker Leopold von Ranke schrieb im 9. Jahrzehnt seines Lebens seine 16bändige Weltgeschichte. Der deutschstämmige englische Astronom Sir Friedrich Wilhelm Herschel arbeitete bis zu seinem 79. Lebensjahr an der Beschreibung des Milchstraßensystems . . .
Um auf lebende Zeitgenossen zu stoßen, die im Alter geistig besonders rege sind, genügt ein Blick in die Zeitungen und Illustrierten.
Doch warum in die Ferne schweifen: Wir alle haben in unserer

Umgebung Verwandte oder Bekannte, die schon die goldene
Hochzeit oder sonst ein hochkarätiges Jubiläum hinter sich haben, aber in ihrer geistigen Rüstigkeit, Beweglichkeit und Frische
das gewohnte Bild des Alters gleichsam auf den Kopf stellen. Sie
sind geistig nicht »weggetreten«.

Wer aber der Wissenschaft mehr traut als seinen eigenen Augen,
kann sich von der modernen Hirnforschung bestätigen lassen,
daß wir keine Angst zu haben brauchen vor dem Schreckgespenst
eines unvermeidbaren Gehirnzellenverlustes und Hirnschwun-
des. Der Mensch ist nicht verurteilt zum im Alter unaufhaltsam
fortschreitenden geistigen Verfall.

Dr. Marian Diamond (Institut für Neuroanatomie der Universität Berkeley), eine führende Forscherin auf dem Gebiet des Neu-
ronenverlustes, bezeichnet die bis ins hohe Alter hinein eintreten-
den Verluste von Gehirnzellen – entgegen der bisherigen
Annahme – als »unbedeutend«. Sie zieht aus der Forschung den
Schluß:»Wir können unser Gehirn absolut jung erhalten, so jung
wie mit 8 oder 10 Jahren.« Zumal der Neuronenverlust im Alter
ausgeglichen wird durch neue Verbindungen zwischen den Gehirnzellen.

Nach umfangreichen Untersuchungen der chemischen Prozesse
im Gehirn von Menschen zwischen 20 und 83 Jahren haben die
Altersforscher des National Institute of Aging in den USA ihrer-
seits ermittelt,»daß das intakt gebliebene Gehirn eines alten
Menschen ebenso aktiv und effizient ist wie das eines jungen
Menschen«.

Auf die Wissenschaft kann sich also nicht berufen, wer bei geistiger Degeneration dem biologischen Verschleiß des Organismus
den Schwarzen Peter zuschiebt.

Freilich: Wenn es nicht beansprucht wird, verfällt das Gehirn.
Das ist der springende Punkt.

> »Wer rastet, der rostet‹ trifft nicht nur auf die Erhaltung der muskulären Flexibilität zu, sondern auch auf die Erhaltung eines hochgradigen intellektuellen Leistungsvermögens.«
>
> (Warner Schaie, Gerontologe)

Wenn 10 % bis 15 % der über 65jährigen an Senilität und geistiger Stumpfheit leiden, so liegt das in erster Linie daran, daß sie das Denken mehr oder weniger den Pferden überlassen. Sie versäumen es, sich tagein tagaus reger Kopfarbeit zu befleißigen, um das Gehirn zu aktivieren und zu mobilisieren. Sie sind Gehirnmuffel.

Nur regelmäßiges intensives Training sichert die geistigen Fähigkeiten: Entweder man gebraucht sie, oder man verliert sie.

Wie wir unser Gehirn anregen, fördern und herausfordern können, erklärt der Ratgeber »Geistig fit bleiben«.

Was Hänschen nicht lernt, lernt Hans nimmermehr? Die Gehirnforschung hat inzwischen das Sprichwort widerlegt. Heute gilt: Was Hänschen nicht lernt, lernt Hans. Und natürlich: Was Gretchen nicht lernt, lernt Grete.

Vom Kopfbesitzer zum Kopfbenutzer
Das Gehirn in Form oder in Hochform zu bringen: das peilt unser Ratgeber an.

Es geht also – um an den geläufigen Begriff »Bodybuilding« anzuknüpfen – um »Mindbuilding« oder »Brainbuilding«, zu deutsch: um Kräftigung des Organs Gehirn.

Der Ratgeber gliedert sich in 3 Teile.

Der *erste Teil* fächert die geistigen Fähigkeiten auf, die wir wekken und entfalten wollen, wie Lernfähigkeit, Merk- und Erinnerungsvermögen, Sensibilität und Sinnesschärfe, Aufmerksamkeit, Konzentrationskraft, Kombinationsgabe, Überblick, Reaktionsgeschwindigkeit, Geistesgegenwart, Schlagfertigkeit, Flexibilität, Spontaneität, Phantasie, Intuition, Kreativität usw.

Geistige Fitneß, wie wir sie verstehen, gipfelt in der Aussöhnung der beiden im Menschengeist rivalisierenden Reiche, des Reiches der Logik und Rationalität (linke Gehirnhälfte) und des Reiches der Kreativität und Intuition (rechte Gehirnhälfte). Nur wenn beide Hemisphären unserer Großhirnrinde – einander ergänzend – zusammenwirken und die Aufgaben gemeinsam lösen, können wir unsere Geisteskräfte befreien und unser Gehirn optimal ausnutzen.

Unser Programm bewirkt das systematische Training beider Hirnhälften und bringt sie zum Teamwork, damit das Gehirn als Ganzes lernen und denken kann.

Der *zweite Teil* läßt uns an zwei abenteuerlichen wissenschaftlichen Expeditionen teilnehmen:

• Zum einen reisen wir in die Vorzeiten. Uns Jahrmilliarden zurückversetzend, tasten wir uns auf dunklen Pfaden durch das Labyrinth der Evolution, um dem Ursprung und der Entstehung des Gehirns und des Nervensystems nachzuspüren.

Stufenweise verfolgen wir die spannende und überraschende Entwicklung vom ersten Einzeller (Urbakterium) vor 3,5 Milliarden Jahren bis zu den »grauen Zellen« (Denkzellen) der Großhirnrinde des Homo sapiens, die das (vorläufige) Ende der Evolution sind.

In den grauen Zellen spielen sich Erkenntnis, Lernen, Vergessen, Denken, Erinnerung, Kombination usw. ab, und in ihnen ist jedwede Kultur, Wissenschaft und Technik grundgelegt, von der Schaffung literarischer oder musikalischer Kunstwerke bis zur Weltraumfahrt.

• Zum anderen streifen wir im zweiten Buchteil mit den Forschern durch die Wunderwelt des Gehirns, das als die komplizierteste Struktur im ganzen Universum gilt. Das geheimnisvolle Gehirnreich weist zwar noch zahlreiche unentdeckte – »weiße« – Flecken auf, aber die Kartographie des Gehirns ist doch so fortgeschritten, daß wir auf unserer Rundreise hinter den Kulissen Einblick nehmen können in den Bau, die Funktion und die Arbeitsweise unseres mentalen Instrumentariums, das voll ungeahnter Möglichkeiten ist.

Die Kreuzfahrt durch das menschliche Gehirn läßt uns den Hirnstamm, das Kleinhirn, das limbische System und vor allem die zwei Halbkugeln des Großhirns auskundschaften und bis in die Nervenzellen (Neuronen) vordringen, deren es 10 Milliarden allein in der Großhirnrinde, der »Denkkappe«, gibt (doppelt so viele wie der Erdball Bewohner hat). Dabei erleben wir, wie die miteinander verknüpften Gehirnzellen untereinander ihre Informationen und Botschaften austauschen, im Dienst unserer geistigen und körperlichen Fitneß.

Der *dritte Teil* erschließt ein komplettes praktisches Programm, das den Umgang mit dem Gehirn schult, damit aus uns Kopfbesitzern Kopfbenutzer werden, die zu mentalen Höchstleistungen fähig sind.

Unser Programm läßt keine Mittel, Wege, Methoden, Techniken, Praktiken sowie heilkundlichen Ratschläge aus, die zielführend sind. Uralte Eselsbrücken und Erinnerungsstrategien (Mnemonik) sowie modernste Lernsysteme und Speicherungstechniken, Denksport und Gehirngymnastik, Übungen und Schärfung der 5 Sinne, Kreativitätsspiele und Beispiele schöpferischer Imagination, Motivierung, Entspannung, Meditation, positives Denken, die Praxis des Umdenkens, Ernährung, Kräuter, Akupressur, Reflexzonenmassage, Atem- und Bewegungsübungen, Aromatherapie, Farbtherapie – und High-Tech-Apparate für den Geist, sogenannte Gehirnmaschinen, bieten Hilfen über Hilfen an, uns geistig fit zu erhalten.

Erster Teil

Zauberformel Hemi-Sync

Was wollen wir erreichen?

»Ein Intellektueller ist einer, der mehr Wörter benutzt, als er eigentlich braucht, um mehr zu sagen, als er weiß.«
Selbst wenn wir der ironischen Definition, wie sie eine französische Universität in einer Aufschrift selbstkritisch kundtut, nicht folgen, an so schillernden Begriffen wie Intellekt oder Intelligenz wollen wir unser geistiges Fitneß-Programm nicht orientieren.
Wir verneigen uns in aller Ehrfurcht vor allen Kopfathleten und Geistesolympioniken, die einen sehr guten oder hervorragenden Intelligenzquotienten (IQ) von 120, 130 oder 140 aufweisen. Sie gehören einer Elite von 9 % der Bevölkerung an, der Hirn-Schikkeria, während 16 % einen guten IQ (110 bis 120) und 50 % nur einen durchschnittlichen (90 bis 110) besitzen. Als »unintelligent« werden jene 25 % der Bevölkerung eingestuft, deren IQ unter 90 liegt.
Unser Ratgeber ist aber nicht als Denkschule gedacht, die dazu verhilft, bei Intelligenztests besser abzuschneiden.

Denn die gemessene individuelle Intelligenz stützt sich einseitig
auf logisches und analytisches Denken, auf rechnerische Leistung, auf verbales, kognitives Wissen, kurzum auf die Fähigkeit
der linken Gehirnhälfte. Die rechtsseitigen Gehirnfunktionen
werden außer acht gelassen.

Die heute gängigen IQ-Tests zementieren die Dominanz der linken Gehirnhälfte, was exakten Technokraten mit Denkschubla-
den wohl entgegenkommt und das Spezialistentum fördert, aber
Originalität, Flexibilität, Erfindungsgeist, Imagination, den in-
tuitiven »Riecher«, gestalterische Begabung, Farb- und Formge-
fühl, Humor, unabhängiges, kritisches, divergierendes und rela-
tivierendes Denken sowie eine umfassende Bildung abwürgt.

Die Zauberformel der geistigen Fitneß lautet also nicht Intelli-
genzförderung, sondern »Hemi-Sync«.

Hemisphärensynchronisation bedeutet, daß wir die rechte und
die linke Hirnhälfte in Einklang bringen, damit sie – statt einander zu widerstreiten – als Einheit zusammenarbeiten.

Zwei Hirne in einem

Die spektakuläre Entdeckung der »zwei Gehirne in einem« war
den Medizin/Physiologie-Nobelpreis des Jahres 1981 wert, mit
dem Professor Roger Sperry, Psychobiologe am California Institute of Technology in Pasadena, ausgezeichnet wurde.

Chirurgen hatten zur radikalen Heilbehandlung bei schwerkran-
ken Epileptikern eine sogenannte »Split brain«-Operation (Hirn-
spaltung) durchgeführt, d. h. den bleistiftdicken Strang (»Balken«) durchtrennt, der die beiden Gehirnhälften verbindet. Die
Isolierung der beiden Hirnhemisphären voneinander setzte
Sperry in die Lage, den exakten Nachweis dafür zu erbringen,
daß jede Hälfte der Großhirnrinde ein Eigenleben führt und unterschiedliche Funktionen erfüllt.

Roger Sperry und seine Mitarbeiter sowie andere Neurologen,
Neurochirurgen und Psychiater untersuchten daher die Fähigkeiten der eigenständigen Hirnhälften, die jeweils eine geschlossene Einheit bilden.

Linke Hirnhälfte	Rechte Hirnhälfte
zuständig für:	
Analyse (Zergliederung)	Synthese (Zusammensetzung)
Aktivität	Empfänglichkeit
Details	Überblick, Gesamtschau
	Zusammenhänge
	Integration
	Koordination
Ratio (nüchterner Verstand)	Emotion (Gefühl)
	Phantasie, Traum
Logik	Analogie, Gleichnis
	Einsicht, Intuition
	Inspiration
Reflexion	Ahnung
Sachlichkeit	Erfahrung
Technologie	Spiritualität
	Ekstase, Spontaneität
Lineare	Ganzheitliches
Informationsverarbeitung	Problembewußtsein
Grammatik	Innovation
Regeln	Kreativität
Gesetze	Kunstverständnis
Systeme	Musikalität, Melodie
Klassifizierung	Rhythmus
Abstraktion	Tanz
Arithmetik	Geometrie
Sprachvermögen	Bildhaftes Denken
Buchstaben	Erkennen von Gesichtern
Worte	Körpersprache
Namen	Sinn für Muster, Strukturen, Formen und Farben
Zahlen	Sinnbilder
	Weltbild, Selbstbild
Zeitwahrnehmung	Raumwahrnehmung

Freilich: die Spezialisierung der beiden Hirnhälften ist erstens nicht festumrissen und zweitens nicht starr.
Das heißt:
1. Bei den Leistungen einer Hirnhälfte ist die andere in der Regel jeweils mitbeteiligt.
2. Bei Beschädigung einer Hemisphäre springt die andere ein und kann deren Aufgaben bis zu einem gewissen Grad übernehmen. Das Gehirn ist also anpassungsfähig.

Die Tabelle auf der vorangegangenen Seite zeigt die Schwerpunkte der erforschten Arbeitsteilung zwischen den beiden Großhirnhälften auf.
Die in der Tabelle verzeichneten spezifischen Leistungen der Hirnhälften gelten mehr oder weniger für typische Rechtshänder. Linkshänder (in Deutschland 10 % der Bevölkerung) haben zum Teil eine davon abweichende Gehirnorganisation.

Zahlen und Buchstaben triumphieren

Die volle Leistungsfähigkeit des Gehirns setzt voraus:
▶ Erstens, daß sich beide Hälften entfalten.
▶ Zweitens, daß nicht eine Hemisphäre auf Kosten der anderen dominiert: Beide sollen sich im Gleichgewicht befinden und einträchtig zusammenarbeiten.
Dennoch: Unser Kulturkreis schätzt in erster Linie die Leistungen der linken Gehirnhälfte. Das bedingt, daß bereits in der Schule die Entwicklung der linken Hemisphäre forciert wird. Deren Vorherrschaft ist also gesichert. Linkshirnige Fächer, die die ordnenden, numerischen, analytischen und logischen Fähigkeiten stärken, wie Mathematik, Physik, Chemie, Deutsch und Fremdsprachen, werden höher bewertet als rechtshirnige Fächer (Kunst, Musik, Werken), die die rhythmischen, musikalischen, künstlerischen, kreativen, imaginativen Fähigkeiten wecken. Zahlen, Formeln, Gleichungen, Buchstaben, Worte, Fakten triumphieren.
Die verschmähte rechte Hirnhälfte steuert die linke Körperseite: daher hängen in unserem Sprachgebrauch links und linkisch

(=ungeschickt) zusammen, und im Lateinischen bedeutet links (sinister) sogar verkehrt, böse und verhängnisvoll.

Die hochgezüchtete linke Hirnhälfte steuert aber die rechte Körperseite: Kein Wunder also, daß im Englischen ›right‹ (im Deutschen rechts) gleichzeitig richtig, korrekt, gerecht, angemessen, passend, geeignet, gut und gesund heißt.

Die linke Hirnhälfte prägt also unser Welt- und Menschenbild.

Der Verfall der rechten und der Aufstieg der linken Hälfte der Großhirnrinde setzte im Grunde schon ein, als sich die menschliche Sprache entwickelte, der Mensch also nicht mehr in Bildern, sondern in Worten (Abstraktionen) dachte. Der Übergang war freilich sachte, denn die Sprache bediente sich ursprünglich einer Bilderschrift.

Einstein, Frauen und Japaner

Es gab und gibt immer Menschen, die imstande waren bzw. sind, beidhirnig – mit dem ganzen Hirn – zu denken. Was begnadete Künstler, geistesmächtige Wissenschaftler und hochbegabte Sportler in Sternstunden leisten, beruht auf der spontanen Integration des gesamten Gehirns.

Der Linkshänder Leonardo da Vinci, Maler, Plastiker, Schriftsteller, Musiker, Philosoph, Erfinder, Anatom, Botaniker, Physiker, Optiker, Chemiker, Ingenieur – also Universalgenie –, verstand, seine zwei voll entwickelten Gehirnhälften optimal zu koordinieren, ohne zu ahnen, daß die Hirnforscher des späten 20. Jahrhunderts seinen Schaffenszustand einmal »Hemisphärensynchronisation« nennen würden.

Oder in neuerer Zeit Albert Einstein: Im großartigen Geist des geigenspielenden und segelnden Naturwissenschaftlers Einstein (der bekanntlich ein schlechter Schüler war) pflegten sich Logik und Phantasie zu verbünden.

Bei Frauen beteiligen sich im allgemeinen eher beide Gehirnhälften als beim Mann, wenn Problemlösungen gesucht werden.

Kinder denken noch ganzheitlich, bevor ihnen die Schule das Faktenwissen einbleut und die Phantasie austreibt.

Während im Westen mehr als 90 % der Menschen überwiegend mit der linken Gehirnhälfte denken, sind die Japaner beispielsweise ausgewogener in der Gehirnnutzung. Für sie sind die linkshirnigen und die rechtshirnigen Funktionen gleichwertig, und sie trainieren daher beide Hemisphären gleichmäßig. Das soziokulturelle Umfeld Japans (u. a. Sprache und Schrift, der noch Bildhaftes innewohnt) ist dazu angetan, die hemisphärischen Rivalitäten auszuschalten. Das Begreifen, das »aus dem Bauch« kommt, sprich das Gespür, wird überhaupt im Fernen Osten hochgehalten, während man in unseren Breiten lieber die linke Hirnhälfte Regie führen läßt und sich auf Logik und Rationalität verläßt.

Rot oder blau

Der High-Tech-Fortschritt macht es möglich, daß unser ständig wechselnder Gehirnzustand (Wellentypen) bzw. die Hemisphärensynchronisation am CAP-Scan (Computerized Automated Psychophysiological Scan) beobachtet werden kann. Das »computergestützte automatisierte psychophysiologische Abtast-Gerät« bildet nämlich die jeweilige Gehirnaktivität farbig auf einem Bildschirm ab. Jeder Gehirnaktivität entspricht eine Farbe: Rot = schnelle Betawellen, Orange = langsame Betawellen, Grün = Deltawellen, Hellblau = Alphawellen und Dunkelblau = Thetawellen. (Über Gehirnwellen: 4. Kapitel des 2. Teiles).

Wir selber können am »Farbfernsehgerät« ablesen, was unsere linke oder unsere rechte Hirnhälfte gerade treibt. Ob sie aktiv und angeregt (rote Farbe) oder entspannt und friedlich (hellblaue Farbe) oder kreativ gestimmt (dunkelblaue Farbe) ist. Bei den meisten springt die Aktivität fortwährend zwischen den Hemisphären hin und her.

Messungen des CAP-Scan und andere neurologische Untersuchungen brachten ans Licht: Eine harmonische Zusammenarbeit der beiden Hirnhälften wird z. B. durch Meditationspraxis und durch künstlerische Tätigkeit ebenso wie durch spezielle Bewegungsübungen oder durch bildhaftes Denken gewährleistet.

Heraus aus der Engstirnigkeit

Fassen wir zusammen: Unser Programm für geistige Fitneß zielt darauf ab, in hohem Maß »synchron« denken zu lernen, also die ganze Gehirnkraft gleichzeitig einzusetzen. Fehlende Synchronisation (sprich Halbhirnigkeit) kann mit Engstirnigkeit gleichgesetzt werden.

Noch einmal: Für die geistige Leistungsfähigkeit ist es ruinös, wenn die Rechte nicht weiß, was die Linke tut.

Drei Wege führen uns zum Ziel geistiger Fitneß:
1. Den Zugang zur rechten Gehirnhälfte freilegen.
2. Beide Seiten des Großhirns stärken.
3. Den Dialog zwischen den Hemisphären fördern, damit die beiden nicht ständig aneinander vorbeireden.

All die Geistesfrüchte, die wir von unserem Fitneß-Programm ernten wollen, machen uns die nächsten drei Kapitel schmackhaft.

Der Dings in Dings . . .

Gedächtnis

Fühlen Sie sich ertappt, wenn Eugen Roth reimt:
Ein Mensch, der sich von Gott und Welt
Mit einem andern unterhält,
Muß dabei leider rasch erlahmen:
Vergessen hat er alle Namen!
»Wer war's denn gleich, Sie wissen doch . . .
Der Dings, na ja, wie hieß er noch,
Der damals, gegen Ostern ging's,
In Dings gewesen mit dem Dings?«
Während die einen mit Behaltensschwierigkeiten ringen, besitzen andere ein phänomenales Gedächtnis.
Brillante Gedächtnisgenies der Geschichte:
Der italienische Chinamissionar P. Matteo Ricci SJ (1552–1610) konnte zur Verblüffung der Mandarine ganze chinesische Gedichtbände, die er ein einziges Mal durchgelesen hatte, ohne zu stocken aufsagen, oder 500 beliebige unzusammenhängende chinesische Schriftzeichen, die jemand zu Papier gebracht hatte, fehlerlos wiederholen, selbst in umgekehrter Reihenfolge.
Alexander von Mazedonien (356–323 v. Chr.), der an die 10 000 Soldaten befehligt hatte, soll jeden Soldaten seines Heeres mit Namen gekannt haben.
Kardinal Giuseppe Mezzofanti (1774–1849), ein berühmter italienischer Linguist, soll 58 Sprachen verstanden und 12 Sprachen gesprochen haben.

In unserer Zeit erlangten eine Garderobefrau und ein Page Weltruhm – durch eine fabelhafte Erinnerungsleistung: Der Hotelboy in San Francisco begrüßte jeden Gast, der einmal im Hotel übernachtet hatte, mit vollem Namen. Und die Garderobiere in einem Nachtlokal in New York brauchte keine Marken auszugeben, weil sie sich zuverlässig merkte, wer welchen Hut und welchen Mantel deponiert hatte. Das machte sich bezahlt.

Persönlich hat jeder schon Menschen bewundert, die Namen, Adressen, Preise, Artikelnummern, Größen, Daten, Geburtstage, Termine, Telefonnummern, Fahrzeiten, Vokabeln, Formeln, Statistiken, Fakten, Gesichter, Szenen, Vorkommnisse oder musikalische Themen aus ihrem Gedächtnisspeicher mühelos abrufen können.

Was ist das Gedächtnis?

Die Neurologen und Mnemologen unterscheiden drei Arten von Gedächtnis:

Ultrakurzzeitgedächtnis

Was wir sehen, hören, riechen, schmecken und fühlen melden unsere Sinnesorgane – Augen, Ohren, Nasen, Zunge und Haut – über die Nervenbahnen dem Gehirn.

Die Sinneseindrücke, ob wichtig oder unwichtig, werden alle unmittelbar im Gedächtnis gespeichert – für Sekundenbruchteile oder Sekunden. Die erste Speicherungsstufe heißt Ultrakurzzeitgedächtnis.

Das Ultrakurzzeitgedächtnis reicht z. B. in Gefahr für blitzschnelle Reaktionen einer Mutter, um ihrem Krabbelkind eine Schere zu entwinden, oder eines Autofahrers, um bei der roten Ampel zu stoppen.

Ohne Ultrakurzzeitgedächtnis könnten wir nicht einmal ein Wort als Ganzes und erst recht keinen sinnvollen Satz verstehen, weil wir jeden gelesenen Buchstaben und jeden gesprochenen Laut gleich vergessen würden, ohne den Zusammenhang mit den nachfolgenden Buchstaben, Silben und Lauten hergestellt zu haben. Ebensowenig könnten wir ohne Ultrakurzzeitgedächtnis

Töne zu einer Melodie verbinden. Wir könnten überhaupt keine
Kontinuität erfahren.
Die meisten Sinneswahrnehmungen sind aber nur für den Mo-
ment oder überhaupt nicht interessant. Daher spielt das Ultrakurzzeitgedächtnis die Rolle eines Türhüters, der die einer län-
gerfristigen Speicherung unwerten Wahrnehmungen abweist.

Kurzzeitgedächtnis
Das Kurzzeitgedächtnis oder Frischgedächtnis ist die zweite
Speicherungsstufe unseres Gedächtnisses. Es hält Informationen,
die vor dem Verlöschen gerettet wurden – sei es durch Abruf
(bewußte Wiederholung), Interesse oder gedankliche Verknüp-
fung mit schon verankertem Wissen – rund 20 Minuten fest.
Sobald wir z.B. den Brief in den Postkasten geworfen, die Freun-
din angerufen, die Wohnung gelüftet, die Kartoffeln aus dem
Keller geholt oder den Fernseher eingeschaltet haben, hat das
Kurzzeitgedächtnis seine Schuldigkeit getan, und wir können die
Erledigungen getrost vergessen.
Heinz Theodor Jüchter, Autor eines Gedächtnisbuches, hat im
Grunde recht, wenn er entlarvend schreibt: »Das Kurzzeitge-
dächtnis ist – wenn man es genau nimmt – kein Gedächtnis. Es tut
nur so.«

Langzeitgedächtnis
Durch Memorieren bzw. »Lernen« können wir Informationen
aber in das Langzeitgedächtnis übertragen, für Stunden, Tage,
Wochen, Monate, Jahre oder lebenslang. Erst wenn die Informationen die Filter des Ultrakurzzeit- und des Kurzzeitgedächtnisses passiert haben, können sie im Langzeitgedächtnis, dem Altge-
dächtnis, zeitstabil verankert werden.
Die ins Langzeitgedächtnis vorgedrungenen Informationen werden zwar dauerhaft gespeichert, aber sie können mit der Zeit ins
Unterbewußtsein absinken, so daß sie unserer bewußten Erinnerung unzugänglich werden. Das ist der kritische Punkt.
Ob Sie es glauben oder nicht: Was einmal im Langzeitgedächtnis

gründlich verankert ist, geht uns nie mehr verloren. Dem Langzeitgedächtnis entfällt nichts, nicht einmal eine Nichtigkeit.

Die Erinnerung ist also nicht eine Frage eines guten oder schlechten Gedächtnisses – es gibt grundsätzlich nur ein »perfektes« Gedächtnis –, sondern eine Frage des Zugangs zu Gedächtnisinhalten, die im Keller des Unterbewußtseins archiviert sind.

Gesteigerte Gedächtnisleistung

Durch Hypnose oder durch elektrische Stimulierung der Großhirnrinde z. B. können Erinnerungen aus den Datenbanken des Unterbewußtseins abgerufen werden.

Der Hypnotherapeut Kurt Tepperwein schreibt: ». . . So hatte ich einen Patienten, der als Kleinkind in Afrika gelebt hatte, aber die Eltern zogen nach Deutschland, als er gerade drei Jahre alt war. Im Wachzustand konnte er sich nicht mehr an Afrikaans erinnern, das er damals schon recht gut gesprochen hatte. In der Hypnose sprach er jedoch sofort wieder ebenso gut wie damals, als lägen nicht fast 50 Jahre dazwischen.«

Der Gynäkologe Dr. David Cheek (San Francisco) berichtet aus seiner Hypnoseerfahrung von einer Versuchsperson, die sich an einen Ausspruch des Arztes bei ihrer Geburt erinnerte. Die befragte Mutter wußte nichts mehr davon, aber der Arzt bestätigte es.

Informationen, die unserer bewußten Erinnerung nicht mehr verfügbar sind, aber im unbewußten Teil des Langzeitgedächtnisses gespeichert sind, lassen sich ebenso durch schwache elektrische Ströme »hervorkitzeln«. Das entdeckte die Neurochirurgie. Durch elektrische Reizungen wachgerufene, Jahrzehnte zurückliegende Ereignisse und Kindheitserlebnisse können mit allen Gerüchen, Farben, Geräuschen, Bewegungen, Gesprächen usw. erneut durchlebt werden.

Der kanadische Gehirnwissenschaftler Dr. Wilder Penfield (McGill University) ist überzeugt, daß wir unseren gesamten Lebensfilm abspielen könnten, wenn wir den richtigen Auslöser fänden.

Die »Sterbeforschung« weiß übrigens zu berichten, daß Menschen, die eine Todesnäheerfahrung gemacht haben, also persönlich dem Tod unmittelbar gegenüberstanden und ihm unentrinnbar ausgeliefert zu sein glaubten (z. B. beim Sturz eines Bergsteigers in die Tiefe), aber irgendwie überlebten, übereinstimmend bekannten, in einem Sekundenbruchteil ihren Lebensfilm – die Gesamtheit aller Erlebnisse, selbst der vollständig vergessenen – mit ihrem geistigen Auge wahrgenommen zu haben. »Mein ganzes Leben blitzte vor mir auf«, lautet eine der Aussagen.
Hypnose, elektrische Stimulierung und Todesnäheerfahrung z. B. können also in den Keller (sprich: ins Unterbewußtsein) abgetauchte Informationen ans Licht (sprich: ins Bewußtsein) heben.

Die Erinnerungsfähigkeit (das »gute« Gedächtnis) ist die *erste tragende Säule* der geistigen Fitneß, die wir anstreben.
Es geht dabei summarisch um zwei Fähigkeiten: Einerseits Informationen und Prüfungsstoffe im Langzeitgedächtnis mit seiner praktisch unbegrenzten Speicherkapazität permanent aufbewahren zu können und anderseits Erlebtes und Erlerntes reproduzieren, d. h. zurückholen, bereitstellen und vergegenwärtigen zu können, selbst Gedächtnisinhalte, die versickert zu sein scheinen.

Zerstreut ist nicht der Herr Professor

Aufmerksamkeit und Konzentration

Der sprichwörtliche ›zerstreute Herr Professor‹ – ich kann mir wohl ersparen, einen der zahllosen über ihn kursierenden Witze zum besten zu geben – ist nicht das klassische Beispiel für Konzentrationsmangel, der zu einer überhandnehmenden geistigen Zeitkrankheit geworden ist. Der ›zerstreute Herr Professor‹ ist nämlich im Grunde hochkonzentriert, ja überkonzentriert auf sein Problem, so daß er auf alles andere vergißt, sogar auf das Essen und Schlafen.

Die *zweite tragende Säule* der geistigen Fitneß bilden Aufmerksamkeit und Konzentration. Beide sind ihrerseits Eckbausteine der Erinnerungsfähigkeit. Denn Merkschwäche wurzelt nicht selten in unscharfer Sinneswahrnehmung, in Zerstreutheit und Zerfahrenheit, in Abschweifung und Ablenkung, in Gedankenflucht.

Aufmerksamkeit

Unser Geist ist flatterhaft und läßt sich unstet bald da und bald dort nieder, allen verführerischen Reizen erliegend.
Ein Blick auf den Fahrplan, damit Sie rechtzeitig den Zug erreichen. Sie sind pünktlich um 18.17 Uhr auf dem Bahnsteig, aber

der Zug ist schon um 17.18 Uhr abgefahren. Sie sind Opfer Ihrer Flüchtigkeit.

Was genau (mit Details!) ist auf einer 100-Mark-/ 100-Schilling-/100-Franken-Banknote abgebildet, vorn und hinten? Welche Farbe hat Ihre derzeit benutzte Zahnbürste? Hat Ihre Uhr römische oder arabische Ziffern? Ist das obere Licht einer Verkehrsampel rot oder grün?

Wir haben Augen und sehen nicht. Wir haben Ohren und hören nicht . . . Unsere 5 Sinne sind stumpf geworden.

Aufmerksamkeit aber setzt scharfe Sinne voraus. Wollen wir nicht unachtsam an der Oberfläche dahinleben, sondern unsere Umgebung erfassen – die Personen, Gegenstände, Vorgänge, Informationen usw. –, müssen wir offenen Sinnes durch die Welt gehen und unsere Sensibilität vertiefen.

Ein Goethe konnte dank seiner gesteigerten Wachheit und Empfänglichkeit von sich behaupten, daß er auf einem Spaziergang durch Weimar mehr erleben würde als der Vielschreiber Kotzebue auf seiner Fahrt durch die Südsee.

Nutzen wir unsere Sinnesorgane voll, intensiv, allseitig? Wenn nicht, hapert es schon an der sehenden, hörenden, berührenden, riechenden und schmeckenden Informationsaufnahme, die die Grundlage jeder geistigen Leistung ist. Sorgfältiges Beobachten (80 % aller Sinnesreize sind optischer Natur) ist schon das halbe Lernen und Behalten. Verminderte Aufmerksamkeit bewirkt naturnotwendig ein mangelhaftes Gedächtnis.

»Nichts ist im Verstande, was nicht vorher in den Sinnen war.« (John Locke, englischer Philosoph)

Geistesschulung beginnt also mit Sinnesschärfung. Die Sinnestätigkeit ist der Gradmesser unserer Aufmerksamkeit.

Konzentration

Konzentration ist nach Lexikondefinition die gezielte Ausrichtung der Aufmerksamkeit auf einen Bezugspunkt. Das ist die Grundlage für jede geistige Arbeit und der Kern geistiger Fitneß. Gerade die Konzentrationsfähigkeit ist aber heute bedroht wie

nie zuvor: durch erhöhte Belastungen allenthalben – durch Überforderung, nervliche Erschöpfung, Konflikte, Hektik, Reizüber-
flutung, Lärm, Informationsbombardement . . .
Konzentration: Wir fokussieren die Aufmerksamkeit auf eine Sache. So wie ein Spotlight (Punkt-Scheinwerferlicht) selektiv einen
Fleck beleuchtet und das Rundherum im Dunkel läßt, so richten
wir unsere Aufmerksamkeit gebündelt auf einen Schwerpunkt
bzw. einen Gegenstand der Innen- oder Außenwelt und verwei-
len dabei, das Umfeld ausblendend.
Kon-zentration: Kon heißt »zusammen«. Zentrieren heißt auf
einen Mittelpunkt (ein Zentrum) ausrichten. Also: Wir fassen unseren Geist zusammen und richten ihn auf einen Brennpunkt aus.
Wir denken an nichts anderes. Wir beschränken uns auf das Wesentliche. Unwesentliches ignorieren wir. Wir sind bei der Sache.
Das ist Konzentration.
Ein Zenmeister, bewundert ob seiner Fähigkeit, sich zu sammeln
und sich gegen jede Ablenkung abzuschirmen, wurde nach seinem Geheimnis gefragt.
Er antwortete: »Wenn ich stehe, dann stehe ich, wenn ich gehe,
dann gehe ich, wenn ich sitze, dann sitze ich, wenn ich esse, dann
esse ich, wenn ich spreche, dann spreche ich . . .«
Der Fragesteller war enttäuscht: »Das tun wir alle.«
Der Zenmeister: »Nein.«
»Warum nicht?«
»Wenn ihr sitzt, dann steht ihr schon, wenn ihr steht, dann lauft
ihr schon, und wenn ihr lauft, dann seid ihr schon am Ziel . . .«
Tu, was du tust! Das heißt: Zu einer Zeit nur eines tun, und das
voll und ganz.
Napoleon, ein anderer Meister der Konzentration, verrät: »Konzentration heißt, im richtigen Augenblick die richtige Schublade
öffnen und alle anderen Schubladen geschlossen halten.«
Über Einstein, dessen umstürzende Ideen Geschichte gemacht
haben, schreibt einer seiner Mitarbeiter, Banesh Hoffmann:
»Seine Konzentrationsfähigkeit grenzte ans Unglaubliche. Wenn
er mit einem widerspenstigen Problem rang, setzte er ihm zu, wie

ein Raubtier seinem Opfer zusetzt. Oft, wenn wir vor einer scheinbar unüberwindlichen Schwierigkeit standen, schritt er, sich eine Strähne seines langen angegrauten Haars um den Zeigefinger wickelnd, im Zimmer auf und ab. Seine Stirn lag nicht in Falten, und auch sonst deutete nichts auf angespanntes Nachdenken – es war eher eine stille innere Einkehr. Minuten vergingen. Dann blieb Einstein plötzlich stehen, und ein freundliches Lächeln ging über sein Gesicht. Er hatte die Lösung gefunden.«

Sich eine Haarsträhne um den Finger zu wickeln – das kann nicht das Geheimnis Einsteinscher Konzentration sein. Sich konzentrieren heißt nach seinem Beispiel: ganz gefangengenommen zu sein.

Solange ich während einer Tätigkeit registriere, daß in der Nachbarwohnung das Baby plärrt oder die Klospülung gurgelt, daß meine Kopfhaut juckt oder mich der Schuh drückt und daß auf der Straße eine Autotür zugeknallt wird, solange bin ich nicht konzentriert. Wer konzentriert ist, ist mehr oder weniger gefeit gegen hinderliche und hemmende Einflüsse von außen und von innen. Er kann dazwischendrängende Gedanken ausschalten.

Unsere Konzentrationsschwäche äußert sich gleichermaßen in Verzettelung. Wir zersplittern unsere Kräfte. Wir tanzen auf vielen Hochzeiten gleichzeitig.

Essen Sie fernsehend und noch dazu lebhaft über Familienprobleme diskutierend, während Sie im stillen schon überlegen, was Sie morgen alles zu erledigen haben? Statt sich ungeteilt einer einzigen Beschäftigung zu widmen!

Kurzum: Konzentrationskraft ist das Um und Auf geistiger Fitneß. Sie ermöglicht uns, unsere Gedanken im Zaum zu halten, Information gründlich zu verarbeiten und daher die Lernfähigkeit und das Gedächtnis zu verbessern.

Heureka – »Ich hab's«

Kombinationsgabe, Reaktionsgeschwindigkeit, Phantasie, Intuition und Kreativität

»Hast Du die Teile in der Hand, fehlt leider nur das geistige Band« schrieb Goethe.
Der Puzzle-Leger aber fügt 500, 1000 oder 1500 Teile zu einem geschlossenen Bild zusammen. Die Meisterdetektive Sherlock Holmes, Hercule Poirot oder Father Brown verbinden hundert Indizien zur Lösung eines Kriminalfalles. Und Archäologen rekonstruieren aus Bruchstücken Tempel und Vasen oder entziffern verstümmelte Texte.
Sie alle müssen Zusammenhänge verstehen und das übergeordnete Ganze erfassen lernen. Sie brauchen den Blick für das Wesentliche. Sie haben die Fähigkeit erworben, zahllose Details in Zusammenschau zu ordnen. Sie dürfen in komplexen Situationen den Überblick nicht verlieren.

> Überblick und Kombinationsfähigkeit sind die *dritte tragende Säule* der geistigen Fitneß.
> Die *vierte tragende Säule* sind Geistesgegenwart, Reaktionsgeschwindigkeit und Schlagfertigkeit.

Von schnellem Reaktionsvermögen träumt jeder Spätzünder. Fällt Ihnen die Hauptsache stets und ständig zu spät ein – wie dem Prediger, dem erst auf dem Heimweg ins Pfarrhaus die Pointen zufliegen?

Das »Aha-Erlebnis«

»Phantasie«, sagte Albert Einstein, »ist wichtiger als Wissen.«
Phantasie ist schöpferisch.

Gehören wir zu den Innovatoren oder zu den Nachahmern? Innovatoren – das sind die erfinderischen Menschen, die auf neue
Ideen kommen.

»Schöpferisches Leben ist junges Leben«, jubelte der Architekt
Frank Lloyd Wright. »Warum in aller Welt glauben die Leute,
man sei mit 80 Jahren alt?«

Ein Bündel von Geistesgaben, in der rechten Gehirnhälfte be-
heimatet, bildet die *fünfte tragende Säule* der geistigen Fitneß.
Stichworte: Einbildungskraft, Vorstellungsvermögen, Imagination, Gedankenflug, Erfindungsgeist, Schöpferkraft, Inno-
vationsdrang, Spontaneität, Geistesblitz, Intuition, Inspiration, Erleuchtung. Jene geistigen Anlagen gilt es genauso zu
entwickeln wie Logik und Intellekt oder spitzfindige philoso-
phische Spekulation.

»Heureka!« – »Ich hab's (gefunden)«, rief einst der berühmte
griechische Mathematiker und Physiker Archimedes (287–212 v.
Chr.) aus. Wie kam Archimedes zu seinem »Aha-Erlebnis«?
Nicht durch Grübeln und nicht durch Berechnungen. Er hatte die
knifflige Aufgabe zu lösen, den Rauminhalt einer Münze zu bestimmen, ohne sie einzuschmelzen. Als er sich eines Nachmittags
in die Badewanne setzte und seine rechte Gehirnhälfte den stei-
genden Wasserspiegel im Zuber beobachtete, blitzte die Einsicht
auf: Wenn ich die Münze ins Wasser tauche, entspricht der
Rauminhalt des verdrängten Wassers dem Rauminhalt des Geld-
stücks. Der Groschen war gefallen. Voll Freude rannte Archimedes nackt auf die Straße und rief unentwegt: »Heureka!«
Intuition nennen das die Psychologen heutzutage. Man rätselt
ausweglos herum, und plötzlich leuchtet die »geistige Glühbirne«
auf. Der Intuitionsblitz – ein Blitz aus heiterem Himmel – läßt

uns Unbekanntes erkennen oder die Wirklichkeit neu sehen. Eine intuitive Erkenntnis fällt uns fix und fertig in den Schoß.

Um wissenschaftlich zu reden: Die sogenannte »heuristische Denkstruktur« (Heuristik = Erfindungskunst) wird in der Schule hintangesetzt, während die »epistemische Denkstruktur« (Epistemologie = Erkenntnistheorie) gehätschelt wird. Das heißt: In unserem Schulsystem wird das reproduktive Denken gegenüber dem produktiven Denken eindeutig bevorzugt.

Genies und Erfinder lassen die rechte Hirnhälfte Regie führen. Kreativität ist nach Einstein ein musischer Zustand, vergleichbar mit dem »von Liebenden oder Betenden«.

Lassen wir einen Künstler den musischen Zustand – in moderner Sprache: das kreative High – beschreiben.

Johannes Brahms (1833–1897):

»Ich fühle Schwingungen, die mein ganzes Wesen erschauern lassen. (. . .) In diesem erhöhten Zustand erkenne ich alles klar und deutlich, was mir in normalen Stimmungen verborgen bleibt. (. . .) Sobald ich meine Wünsche und Absichten formuliert habe, nehmen diese Schwingungen die Form bestimmter geistiger Bilder an. (. . .) Sofort beginnen die Einfälle auf mich einzuströmen. (. . .) Nicht nur, daß ich bestimmte Themen vor meinem geistigen Auge erschaue – sie sind auch schon in die richtige Form, Harmonie und Orchestration gekleidet. Wenn ich in diesen seltenen, inspirierten Zuständen bin, wird mir das fertige Werk offenbart. (. . .) Ich bin zwar noch immer bewußt, doch stets im Begriffe, die Besinnung zu verlieren. (. . .) ›Unterbewußtsein‹ ist eine sehr unzulängliche Bezeichnung für solch einen außergewöhnlich starken Geisteszustand. (. . .) ›Überbewußtsein‹ wäre da treffender.«

Kreativität setzt ebenso wie Intuition in erster Linie Bilderdenken und Vorstellungsvermögen voraus. Die gewaltige bildliche Vorstellungskraft eines Leonardo da Vinci werden wir wohl nicht erreichen, aber eine lebhafte Phantasie (nicht zu verwechseln mit Hirngespinsten) ist uns allen zu wünschen. Leonardo da Vinci, so wird überliefert, saß wochenlang vor einem leeren Blatt, nachdem ihm ein Abt den Auftrag erteilt hatte, für das Kloster das

Letzte Abendmahl‹ zu malen. Der Abt verlor allmählich die Geduld und beabsichtigte schon, dem Künstler den Auftrag zu entziehen, nicht ahnend, daß das Bild in der Phantasie Leonardos schon vollendet war. Plötzlich fing Leonardo an zu malen und schuf in wenigen Stunden sein weltberühmtes Meisterwerk.

Bedeutende Architekten, Landschaftsgärtner, Sportler, Wissenschaftler etc. verfügen über ein ausgeprägtes Bilderdenken, dessen Ergebnis Spitzenleistungen auf ihrem Gebiet sind.

So konnte beispielsweise der spazierengehende Physiker Nikola Tesla (1856–1943), der »Vater des Radios«, beim Anblick eines Sonnenuntergangs den nach ihm benannten Transformator erfinden, den er mit einem Ast in den Sand zeichnete. Er sah ihn gleichsam fotografisch vor seinem geistigen Auge.

Und ein Spitzenskirennläufer, der nicht imstande ist, die Bewegungsabläufe eines Rennens in allen Nuancen vorher im Geiste – auf einer inneren Leinwand – durchzuspielen, hat kaum eine Chance, das Siegerpodest zu erklimmen.

Wir alle sind Schöpfer. Wir müssen nur unsere blockierte schöpferische Energie freisetzen durch ganzheitliches Denken. Selbst wenn uns sprunghafte Innovationen wie die eines Galilei oder eines Einstein nicht glücken – Einfallsreichtum ist niemandem versperrt, der Schweiß und Fleiß investiert. Denn Kreativität ist, wie Edison (1847–1931), der berühmte amerikanische Erfinder, der es wissen mußte, sagt, zu 1 % Inspiration und zu 99 % Transpiration. Die 1 % Inspiration, der Funke, den der Musenkuß entfacht und uns in ideensprudelnde Menschen, wenn schon nicht in fulminante Gehirnfeuerwerker verwandelt, macht das Leben reich, das bei verkümmerter Phantasie verarmt.

Wie gewinnen wir die im ersten Teil angepriesenen geistigen Fähigkeiten – Lernfähigkeit, Merkfähigkeit, Sinnesschärfe, Aufmerksamkeit, Konzentrationskraft, Kombinationsfähigkeit, Überblick, Reaktionsschnelle, Geistesgegenwart, Schlagfertigkeit, Phantasie, Erfindungsgeist, Schöpferkraft, Intuition usw., die alle zusammen die geistige Fitneß bestimmen? Der dritte Teil mit dem praktischen Programm zeigt die Wege auf.

Zweiter Teil

Vom Urknall zum Homo sapiens

Entwicklungsgeschichte des Gehirns

Mit dem ›Urknall‹ begann vor ca. 15 Milliarden Jahren die Entstehung bzw. Erschaffung des Universums. Erst vor 4½ Milliarden Jahren aber bildete sich unsere Sonne, ein Stern mittleren Alters, mit ihren Planeten, einschließlich der Erde.

Stellen wir uns die Erdgeschichte als 100-m-Lauf vor. Die Erdentstehung vor 4½ Milliarden Jahren ist die Startlinie. Nach 24 Metern (vor 3½ Milliarden Jahren) erscheint das erste Leben auf unserem Heimatplaneten. Der Homo sapiens tritt jedoch erst 11 Millimeter vor der Ziellinie auf: vor ½ Million Jahren.

3½ Milliarden Jahre benötigte also die Natur, um aus den ersten primitiven Einzellern das Menschengehirn hervorzubringen. Gut Ding braucht Weile.

2 Milliarden Jahre existierten nur Einzeller.

Das erste Lebewesen, das Urbakterium, das sich auf die Evolutionsreise begeben hatte, entwickelte sich im Urweltschlamm erst vor 1½ Milliarden Jahren vom Einzeller zu einem mehrzelligen Organismus, der aber noch ohne Nervensystem auskam.

Ein Beispiel für ein nervenloses Zellbündel ist der Schwamm, der auf dem Meeresgrund sitzt und sich nicht fortbewegt, so daß er nicht überlebt, wenn er an Ort und Stelle keine Nährstoffe mehr findet.

So schuf die Natur – schrittweise – das Überlebensorgan Gehirn.

Erste Station: Hirnstamm

Es begann damit, daß sich bestimmte Zellen der im Urozean treibenden kugeligen Zellbündel – Verbänden von ein paar hundert oder ein paar tausend Einzelzellen – spezialisierten: als Nervenzellen (Neuronen), die Informationen auf andere Zellen übertragen. Die arbeitsteilige Zelldifferenzierung war die Schwelle zum Fortschritt in eine neue Dimension des Lebens.

Seeanemonen, Quallen und Korallen beispielsweise gehören zu den niedersten Tierstämmen mit Nervensystem. Dank ihrer spezialisierten kommunizierenden Zellen – der Nervenzellen eben – können sie Nahrung »erbeuten«. Eine Nervenleitung bzw. ein primitives Nervennetz befähigt die Seeanemonen, Quallen, Hydren (Süßwasserpolypen), Muscheln und andere ursprüngliche Mehrzeller, Reize mit Reflexen zu beantworten und gezielt Signale zu übermitteln. Die Seeanemonen und Co. sind daher fähig zur Aktivität. Sie können agieren: z. B. ihren Standort verlassen und sich auf Nahrungssuche begeben.

Das Grundmuster des menschlichen Nervensystems ist schon bei den Würmern angedeutet: die Nervenzellenansammlung (Ganglion) am vorderen Ende des Wurms – eine knospenartige Verdickung des Nervengeflechts im »Kopf« – ist der Beginn des Gehirns: des Hirnstamms.

Hirnstamm – Zwischenhirn – Großhirn: das sind nämlich die 3 entwicklungsgeschichtlichen Etappen bzw. Elemente des Gehirnaufbaus.

Wir haben also bisher die Entstehung des 1,5 Milliarden Jahre alten Hirnstammes verfolgt, der sich noch vor den Säugetieren entwickelt hat und der mit einem anderen Namen »Reptilienhirn« heißt, weil er dem vollständigen Gehirn eines Kriechtieres (z. B. einer Schildkröte oder einer Eidechse) entspricht.

Der Hirnstamm macht die mit ihm ausgestatteten Lebewesen zu Lebewesen, die ihrem angeborenen Instinkt ausgeliefert sind. Im Hirnstamm ist das Verhaltensmuster biologisch vorprogrammiert, das die Befriedigung der Bedürfnisse nach Nahrung, Obdach und Sicherheit gewährleistet.

Mit anderen Worten: der die Selbsterhaltung und Arterhaltung sichernde Hirnstamm veranlaßt überlebensrelevante Verhaltensweisen: er löst den Kampf- oder Fluchtmechanismus aus und er steuert automatisch die grundlegenden Lebensfunktionen wie Atmung, Blutdruck, Kreislauf, Fortbewegung, Körperzyklen, Schmerzempfinden, Wärme- und Kälteempfinden, Fressen, Schlaf, Paarung . . .

Einen Platz für Lernen bietet das Stammhirn kaum.

Zweite Station: Zwischenhirn

Erst als die Evolution vor knapp 1 Milliarde Jahren den urtümlichen Hirnstamm aufstockte und das Zwischenhirn schuf, bot die angebaute neue Hirnstruktur den Lebewesen die Möglichkeit, aus dem eingefahrenen starren Verhaltensprogramm des Hirnstammes auszubrechen und aus Erfahrungen zu lernen. Denn das Zwischenhirn erlaubt den Lebewesen, sich auf neue Situationen und im Wandel begriffene Umwelteinflüsse einzustellen und dadurch die Überlebenschancen zu erhöhen.

Das Zwischenhirn ist schon den einfachen Säugetieren (z. B. Kaninchen) eigen, daher wird es »frühes Säugerhirn« genannt.

Die Erweiterung des Hirnstammes (Reptilienhirn) durch das Zwischenhirn (frühes Säugerhirn) ist eine Revolution in der Geschichte des Gehirns: denn zum angeborenen Instinkt gesellt sich jetzt das individuelle Lernvermögen.

Dritte Station: Großhirn

Das Lerninstrument schlechthin aber ist das Großhirn, das jüngste Hirnelement. Die ersten Ansätze eines Großhirns entwickelten sich vor 500 Millionen Jahren über dem Zwischenhirn. Vorläufer des Großhirns finden sich schon bei Fischen und Reptilien. Bei den Halbaffen ist das Großhirn schon so massig, daß es die älteren Gehirnteile umhüllt. Beim Menschen ist das Großhirn derart umfangreich, daß es nur durch starke Faltung in der Schädelhöhle Platz findet.

Das Großhirn oder Endhirn oder Neuhirn ist der fortgeschrittenste Hirnteil, der Bewußtsein schafft und die Wahrnehmung einer objektiven Außenwelt erlaubt.

Endstation: Großhirnrinde

Die zunehmende Entfaltung und Differenzierung des Großhirns brachte die Großhirnrinde (Cortex) hervor – als die vorläufig letzte Station der Gehirngeschichte. Die Großhirnrinde entwickelte sich bei unseren Vorfahren vor 200 Millionen Jahren. Sie findet sich vor allem bei höheren Säugern und gewinnt an Umfang und Bedeutung, je weiter ein Lebewesen auf der Leiter der Evolution hinaufsteigt. Beim Affen nimmt sie erheblich zu, beim Menschen macht sie als Sitz der höheren geistigen Funktionen rund 83 % (!) des gesamten Gehirngewichts aus.

Dreieiniges Gehirn

Der Mensch »erbt« also ein Gehirn, das kein einheitliches Organ ist, sondern ein Bauwerk aus 3 ineinander verschachtelten Teilorganen, das verschiedenen weit auseinanderliegenden Bauabschnitten (sprich Erdzeitaltern) entstammt und einen langen Entwicklungsweg von über 1 Milliarde Jahren hinter sich gebracht hat.

Das aus Elementen höchst unterschiedlichen Alters zusammengesetzte dreigeschossige Gehirn wirkt aber dennoch nicht chaotisch. Die Evolution sorgte nämlich für die Umrüstung der alten Zimmer, so daß sie neue Funktionen übernehmen konnten. Die

Natur hat die archaischen, ursprünglichen, unteren Schichten des Gehirns (Reptilienhirn, Althirn) mit den oberen Partien (Neuhirn) verknüpft, so daß die 3 Elementargehirne – die nacheinander geschaffenen Gehirntypen vom Hirnstamm bis zur Großhirnrinde – als Ensemble zusammenzuarbeiten vermögen.
Der Physiologe Dr. Paul MacLean, Leiter des Laboratoriums für Gehirnentwicklung am amerikanischen National Institute of Mental Health, spricht daher von einem »einzigen dreieinigen Gehirn« (triune brain).

Steigerung der Gehirngröße

Die anwachsende Gehirngröße und zunehmende Herrschaft der Großhirnrinde bewirkten den Fortschritt der geistigen Leistungsfähigkeit.

● Der frühe *Australopithecus* (vor 3 bis 4 Millionen Jahren), ein in Afrika lebender Affenmensch, der Holzknüppel als Waffen benutzte, gilt gleichsam als der primitive Stammvater des Menschen. Der Australopithecus, der von den Bäumen gestiegen war, sich aufrichtete und zögernden Schrittes auf zwei Beinen fortbewegte, verfügte über ein Gehirnvolumen, das noch nicht viel größer war als das eines Schimpansen heute. Sein Gehirn wog erst 450 Gramm.

● Intelligenter wurde erst der *Homo habilis* vor 1,6–1,8 Millionen Jahren. Seine Gehirngröße nahm beträchtlich zu. Sein Gehirn wog 600 bis 700 Gramm, war also um 50 % schwerer als das des Australopithecus.

Der bemerkenswerte Hirnzuwachs zeigt an, daß eine neue Gattung auf den Plan getreten war: der Homo, der Mensch. Der leichtfüßige Homo habilis verstand schon, einfache Steinwerkzeuge zum Schneiden, Hacken und Schaben herzustellen.

● Vor rund 1 Million Jahren trat der *Homo erectus* auf und breitete sich in ganz Eurasien aus, ein sehr fortgeschrittener Hominide, der schon ein Hirngewicht von sage und schreibe 900 bis 1070 Gramm aufwies.

● Der in Ostafrika aus dem Homo erectus hervorgehende *Homo sapiens* mit einem Gehirngewicht zwischen 1150 und 1550 Gramm betrat vor ½ Million (= 500 000) Jahren die Weltbühne.

● Mit dem vor 100 000 Jahren die Homo-sapiens-Linie fortsetzenden *Neandertaler* hatte sich das menschliche Gehirn bereits zu seiner vollen Größe entwickelt. Dank seines großen Gehirns hatte der über Europa, Afrika und Asien bis nach Sibirien und China verbreitete Neandertaler eine hochentwickelte Werkzeugkultur geschaffen, er beherrschte den Umgang mit Feuer und blickte schon über das Diesseits hinaus.

Die gewaltige Steigerung der Gehirngröße (im besonderen die Größenzunahme der Großhirnrinde) erfolgte, um mit dem polnischen Kybernetiker Konrad Fialkowski zu sprechen, mit »irrwitzigem Tempo«. In der nach evolutionären Maßstäben äußerst kurzen Zeitspanne von nur 3 Millionen Jahren nahm die Hirngröße um das Dreifache zu!

Über die Ursachen der menschlichen Gehirnentfaltung streiten noch die Gelehrten. Eine entscheidende Triebkarft war gewiß die Herausforderung durch die Umwelt. Die einsetzenden Eiszeiten beispielsweise erzeugten einen starken Auslesedruck (»Selektionsdruck«). Sich den neuen extremen Umweltbedingungen des unwirtlichen Eiszeitalters anzupassen, um in der dramatischen Klimaverschlechterung zu überleben, erforderte eine hohe Intelligenz und eine gewaltige Vorstellungskraft zum Planen. Gefordert war zudem eine bessere Verständigung untereinander durch Gesten und Laute. Je mehr die Sprache aber an Bedeutung gewann, um so »gewichtiger« wurde die dafür zuständige Großhirnrinde.

Dank seiner Großhirnrinde wurde der Mensch zum selbst-bewußten Wesen. Sein erfinderischer Geist machte den Menschen zum Schöpfer und Künstler mit Phantasie, der Schriften entwikkelte und großartige Kulturen schuf. Das Geistinstrument Gehirn befähigt den Menschen zu abstraktem Denken, zu Schönheits- und Harmonieempfinden, zu feiner Sensibilität, zum Erkennen des Wechselspiels von Ursache und Wirkung, zur Lebensplanung nach einem Wertsystem, zur Schaffung einer eigenen Umwelt, zu Mitgefühl (Altruismus), zur Gewissensbildung und zu transzendentaler, metaphysischer Erfahrung. Er allein fragt nach den letzten Dingen.

Noch schöpft der Mensch seine geistigen Fähigkeiten aber nicht restlos aus. Ja: er nützt bislang nur einen Bruchteil seiner geistigen Fähigkeiten. Nur 10%, wie das Jahrhundertgenie Albert Einstein meinte.

Psychiater Dr. Charles Stroebel vom Institute of Living in Hartford/Connecticut, ein Bahnbrecher der Gehirntechnologie: »Wir gebrauchen normalerweise wahrscheinlich weniger als 5% unseres Gehirns.«

Dipl.-Psychologe Ernst Stobberg: »Unser Gehirn hat in einem Umfang Reserven, daß wir einem Mann gleichen, der einen Computer besitzt und ihn nur für die vier Grundrechenarten verwendet, weil er die Fülle der Möglichkeiten dieses Geräts nicht erfaßt.«

Zwischen Wundernetz und Hologramm

Geschichte der Gehirnerkundung

Herz oder Hirn? Darüber stritten die alten Griechen.
Parade-Philosoph Aristoteles (384–322 v. Chr.) führte die Herz-Partei an: Er hielt das Herz – und nicht das Hirn – für das Organ der Intelligenz, den Sitz der Seele, den Ort der Gedanken und Empfindungen sowie den Ursprung der Bewegungen.
Das Hirn hielt er bloß für ein Kühlaggregat zur Regelung der Bluttemperatur. Nach Aristoteles hatte das »feuchte und kalte« Gehirn keinen anderen Zweck, als das im »trockenen und warmen« Herz erwärmte Blut zu kühlen. In Redewendungen lebt seine Theorie noch fort: »Bewahren Sie einen kühlen Kopf!« oder »Ich weiß es tief im Herzen.«
Aristoteles widersprach also der Hirn-Partei, die der berühmte Arzt Hippokrates (460–375 v. Chr.), der griechische Begründer der wissenschaftlichen Heilkunde, anführte. Hippokrates und seine Ärzteschule von Kos erkannten das Gehirn als Sitz des Geistes und der Intelligenz.
In seiner Schriftensammlung (»Corpus Hippocraticum«) äußerte sich Hippokrates über das Gehirn folgendermaßen: »Die Menschen sollen wissen, daß auf der einen Seite Lust und Freude, Lachen und Scherzen, und auf der anderen Seite Schmerz, Trauer, Unzufriedenheit und Weinen von nirgendwo anders als vom Gehirn kommen. Das Gehirn ist es, mit dessen Hilfe wir denken, überlegen, verstehen, sehen und hören und das Häßliche und Schöne, das Böse und Gute, das Angenehme und das Unange-

nehme unterscheiden . . . Gerade durch das Gehirn verfallen wir
auch in Raserei und Wahnsinn und treten Angst und Schrecken
an uns heran, sowohl des Nachts als auch am Tage, dazu Schlaf-
losigkeit, Irrtümer, unpassende Sorgen, Verkennung der tatsäch-
lichen Lage und Vergessen. All das erleiden wir vom Gehirn her,
wenn es nicht gesund ist . . .«
Freilich, schon vor Hippokrates haben griechische Philosophen
das Denkvermögen im Gehirn lokalisiert: Pythagoras (570–497
v. Chr.) als erster.
Und Plato (427–347 v. Chr.) schloß sich der hippokratischen
Partei an und unterstrich: »Der Verstand thront im Kopf wie die
Akropolis über der Stadt.«

Hirnkammern und animalische Geister

Die griechischen Ärzte und Anatomen Herophilos und Erasistra-
tos, die Gründer der berühmten medizinischen Schule von Alex-
andria, haben um 300 v. Chr. zwei Vorstellungen in die Welt ge-
setzt, die fortan die Gehirn- und Geisteskunde beherrschten:
1. Das Gehirn ist unterteilt in Kammern *(Ventrikel)*, in denen die
geistigen Fähigkeiten untergebracht sind.
2. Aus dem Herz kommende »vitale Geister« *(Lebensgeister)* verwandeln sich in einem »wunderbaren Netz« *(Rete mirabilis)* an
der Gehirnbasis durch einen Verfeinerungsprozeß in »animalische Geister« (oder psychische Geister), die das Nervensystem in
hohlen Nervenfasern durchdringen. Dieses animalische *Pneuma*
(Atem, Hauch, Lebenskraft), das in den Gehirnkammern gela-
gert ist, befähigt den Menschen zu geistiger Tätigkeit.
Selbst der größte Neurologe der Antike, der griechisch-römische
Arzt Galen (129–199), Leibarzt des römischen Kaisers Marc Au-
rel, akzeptierte das *Rete mirabilis* (Wundernetz), das freilich beim
Menschen anatomisch gar nicht existiert. Doch Galen schloß vom
Rind auf den Menschen, denn als Gladiatorenarzt in Pergamon
stieß er bei Stiersektionen auf das sogenannte Wundernetz.
Das Medizinsystem Galens, des neben Hippokrates bedeutend-
sten Arztes der Antike, besaß das ganze Mittelalter hindurch

höchste Autorität. Glatt vergessen wurde im Mittelalter aber, daß Galen selbst die höheren geistigen Funktionen nicht in den Hirnkammern (*Ventrikeln*), sondern in der Hirnsubstanz lokalisierte. Die Lehre von den Hirnkammern retteten Nemesius († 310 n. Chr.), der Bischof von Emesa in Phönikien, und der hl. Augustinus (354–430) in das Mittelalter hinüber. Sie unterschieden vier Hirnkammern. In der ersten und zweiten brachten sie den gesunden Menschenverstand und die Vorstellungskraft unter, in der dritten beherbergten sie die Urteilsfähigkeit und die Vernunft (Denkvermögen) und in der vierten das Gedächtnis.

Später teilten andere Gelehrte im Gefolge des berühmten islamischen Philosophen und Arztes Avicenna (980–1037), der die medizinischen Kenntnisse der Griechen vermehrt hatte, der Urteilsfähigkeit und der Vernunft jeweils eigene Kammern zu, so daß fünf Hirnkammern gegeneinander abgegrenzt wurden, in denen die animalischen = psychischen Geister gespeichert wurden.

Die Schulweisheit der Hirnkammernlehre, derzufolge die psychischen und intellektuellen Prozesse in sogenannten Ventrikeln abliefen, wurde jahrhundertelang nicht in Frage gestellt.

Für die moderne Gehirnforschung war der Weg erst frei, nachdem man im 17. Jahrhundert sich vom Hirnkammer-System abgewendet und im 18. Jahrhundert die animalischen = psychischen Geister aus der Medizin verbannt hatte – im Zusammenhang mit der Erkenntnis, daß das *Rete mirabilis* beim Menschen nicht vorkommt.

Dem Gedächtnis auf der Spur

Unter allen geistigen Fähigkeiten war es in erster Linie das Gedächtnis, das die Menschen fieberhaft zu enträtseln und zu lokalisieren suchten. Vor der Erfindung des Buchdrucks war die Pflege des Gedächtnisses überhaupt das Um und Auf der geistigen Fitneß, und im alten Griechenland und Rom wetteiferten daher die Menschen, besonders natürlich die Politiker und die Redner, in der Gedächtniskunst (Mnemonik), die Macht und Einfluß sicherte. Die Gedächtnisgenies genossen höchstes Ansehen.

Nicht umsonst wurde das Gedächtnis in der Antike vergöttlicht. Mnemosyne, die Personifikation des Gedächtnisses, die schönste der Göttinnen, war die Favoritin des Göttervaters Zeus. 9 Tage und 9 Nächte wohnte Zeus der Titanin Mnemosyne bei. Und aus der Vereinigung von Kraft (Zeus) und Gedächtnis (Mnemosyne) gingen nach dem griechischen Mythos die 9 Musen hervor, die Göttinnen der Künste und Wissenschaften: der Geschichte, des Epos, der Tragödie, der Komödie, der Sternkunde, des Tanzes, der Musik, der Lyrik und der Pantomime. Das Gedächtnis: die Mutter der Kreativität im Verständis der Antike.

Der Philosoph Platon (427–347 v. Chr.) war der erste, der eine durchdachte und anspruchsvolle Gedächtnistheorie vorlegte: Der Geist gleicht nach ihm einer Wachstafel, in die mit spitzem Griffel Eindrücke geritzt werden. Die Eindrücke auf der Oberfläche werden im Lauf der Zeit aber flacher, bis sie eines Tages ganz verlöschen. Das entspricht dem Vergessen. Die Wachstafel-Hypothese Platos überlebte im Prinzip bis in die Neuzeit.

Die Frage nach der Lokalisierung des Gedächtnisses zog sich wie ein roter Faden durch die Gehirnforschung. In neuerer Zeit mehrten sich aber die Stimmen der Fachleute, die im Gefolge des bedeutenden französischen Physiologen und Naturforschers Pierre Flourens (1794–1867) Spekulationen über den Sitz des Gedächtnisses als Zeitvergeudung beiseite schoben in der Überzeugung, daß nicht ein bestimmter Teil des Gehirns, sondern das Gehirn als Ganzes für die Gedächtnisfunktion verantwortlich wäre.

Im Jahre 1953 wurde dem neurologischen Patienten H. M., den seine epileptischen Anfälle arbeitsunfähig gemacht hatten, beidseitig der zum limbischen System gehörende Hippocampus in den Schläfenlappen entfernt. Die Anfälle wurden durch die Operation zwar gelindert, aber dafür litt H. M. fortan unter einer überraschenden Nebenwirkung, nämlich unter schwerem Gedächtnisversagen, das alle Ereignisse nach der Operation betraf (*anterograde Amnesie*).

Die Erinnerungen aus der Zeit vor der Entfernung des Hippocampus blieben intakt, aber die laufenden Ereignisse konnte er nur mehr ein paar Sekunden behalten.

Die Neuropsychologin Brenda Milner, die die Gedächtnisstörung nach dem Eingriff entdeckte, schildert die Katastrophe des H. M. besonders anschaulich: »Seine Mutter beobachtet, daß er Tag für Tag dasselbe Puzzle legt, ohne daß sich irgendein Übungseffekt bemerkbar macht, und daß er immer wieder dieselbe Zeitschrift liest, ohne daß ihm ihr Inhalt jemals bekannt vorkäme. Die gleiche Vergeßlichkeit gilt für die Menschen, die er seit der Operation kennengelernt hat. Seine anfängliche emotionale Reaktion mag intensiv sein, aber sie ist kurzlebig, da der Vorfall, der sie hervorgerufen hat, bald vergessen wird. So war er äußerst verstört, als er vom Tod seines Onkels hörte, den er sehr gern gehabt hatte, aber dann schien er die ganze Angelegenheit zu vergessen und fragte später von Zeit zu Zeit, wann sein Onkel sie denn besuchen käme; jedesmal, wenn er wieder vom Tod des Onkels hörte, zeigte er die gleiche tiefe Verzweiflung, ohne irgendein Zeichen der Gewöhnung.«

Richard F. Thompson, Neurobiologe und Professor für physiologische Psychologie: »Nehmen wir einmal an, Sie würden H. M. vorgestellt und eine Zeitlang mit ihm reden; dann ließen Sie ihn allein und würden wenige Minuten später wieder zurückkommen. Er könnte sich dann nicht daran erinnern, Sie je getroffen und mit Ihnen gesprochen zu haben.« Noch drei andere Fälle in der jüngsten Medizingeschichte bezeugen: Ohne Hippocampus lebt der Mensch allein mit den Erinnerungen aus der Zeit vor der Zerstörung der Hippocampi bzw. in der unmittelbaren Gegenwart nur mit der Kurzzeiterinnerung von einem Minutenbruchteil. Er kann nichts Neues mehr in das Langzeitgedächtnis überführen.

Das ist ein – im konkreten Fall tragisches – Beispiel, wie die in einem Labyrinth tappende und tastende Gehirn- und Gedächtnisforschung auf neue Erkenntnisse stößt.

Im vorliegenden Fall wurde die Erkenntnis gewonnen: Speicherplatz der Erinnerungen ist der Hippocampus nicht (sonst könn-

ten die Erinnerungen aus der Zeit vor der Entfernung der Hippocampi nicht mehr abgerufen werden), aber er ist das Instrument,
das die Gedächtnisspuren *(Engramme)* aufzeichnet. Der Hippocampus ist also für das Lernen entscheidend.
Mehr und mehr erhärtet sich die Ganzheitstheorie von Flourens,
die besagt, daß das Gedächtnis auf allen in Teamarbeit zusam-
menwirkenden Gehirnteilen basiert und daher nicht auf der Ge-
hirnkarte lokalisiert werden kann. Das Gedächtnis wird inzwischen nicht mehr als »Ort« gesehen. Es wird nicht mehr
verglichen mit einer Wachsplatte, einem Fotoalbum, einer Biblio-
thek, einem Lagerraum, einer Registratur, einer Telefonzentrale
oder einem Computer. Denn unsere Erinnerungen sind, wie es
ein Gehirnexperte ausdrückt, überall und nirgends.
Karl H. Pribram war der erste, der im Hologramm ein Modell für
die Informationsspeicherung erkannt hat. Das Bild ist insofern
treffend, weil es scheint, daß jeder Gehirnteil gleichsam alle Erinnerungen enthält.
Wenn eine holografische Fotoplatte, auf der Laserstrahlen ein
dreidimensionales Bild reproduzieren, zerstückelt wird, erzeugen die Laserstrahlen auf jedem der 10, 100 oder 1000 Stücke
das gleiche vollständige räumliche Bild des beleuchteten Ge-
genstandes. Nichts Wesentliches geht dabei verloren. Freilich:
Je kleiner die Stücke sind, um so verschwommener wird das
Abbild.
Das heißt: Jeder Bruchteil der holografischen Fotoplatte zeichnet
das ganze Bild plastisch auf. Genauso stellt, wie moderne Gelehrte annehmen, bei der holografischen Organisation des Gehirns jede Gehirnzelle im Grunde ein Minigehirn dar, das eine
Kodifizierung aller Wahrnehmungen und Erfahrungen in Form
von dynamischen neuronalen Mustern enthält.

Ein Wunderwerk

»Die Erforschung des Gehirns«, findet der Neurowissenschaftler
Colin Blakemore, »ist eine der letzten Grenzen, zu denen das
Wissen des Menschen vorstößt, und von unmittelbarer Bedeu-

tung als das Verständnis der Unendlichkeit des Weltraumes und
des Rätsels der Atome.«

Ein Heer von Gelehrten ist am Werk – Neurologen, Gehirnphy-
siologen, Neuroanatomen, Neurohistologen, Neuroendokrino-
logen, Chirurgen, Psychobiologen, Biochemiker, Psychologen,
Psychiater, Physiker, Mathematiker, Computerwissenschaftler,
Gehirntechnologen, Mnemologen und wie sie alle heißen. Sie be-
dienen sich modernster Abtastgeräte wie CAT (Computerge-
stützter Axial-Tomograph), PET (Positronen-Emissions-Tomo-
graph) und NMR (Kernspinresonanz-Tomograph), ferner phar-
makologischer Eingriffe und der Einführung von elektrischen
Sonden. Sie studieren die Veränderungen des Gehirns nach
Hirnverletzungen, Schlaganfällen und Tumoren sowie nach
Operationen . . . In Laboratorien, Ordinationen, Kliniken und
Operationssälen forschend und experimentierend, tragen sie alle
Mosaiksteine zusammen, um ein Bild des rätselhaften Netzwer-
kes namens *cerebrum* (lateinisch) oder *enkephalos* (griechisch),
sprich Gehirn, zu entwerfen.

Dennoch: »Auch nachdem Tausende von Wissenschaftlern das
Gehirn jahrhundertelang untersucht haben, wird ihm nur ein einziges Wort gerecht: Es ist ein Wunder.« Das sagen zwei promi-
nente amerikanische Wissenschaftler, der Humanbiologe Robert
Ornstein und der Psychologe Richard F. Thompson.

Nach dem Einblick in die Geschichte der Erkundung des Gehirns
im laufenden Kapitel werden wir in den nächsten zwei Kapiteln
über den Bau und die Aufgabe sowie über die Arbeitsweise des
Wunderwerkes Gehirn im Lichte der neuesten Forschung infor-
mieren.

Der schrumpelige Tresor

Bau und Aufgaben des Gehirns

Geschützt wie ein Tresor liegt das Gehirn in der knöchernen Schädelhöhle eingebettet, gut gepolstert, zur Stoßdämpfung von einem »Wasserbett« umgeben. Man sieht es der gallertartigen schrumpeligen Masse, die nur knapp 1,5 kg wiegt, keineswegs an, daß sie der »Kern des Geheimnisses Mensch« (nach einem Bild des australischen Neurophysiologen und Nobelpreisträgers Sir John Eccles) ist und daß ihre Leistungsfähigkeit jede Vorstellung und alles Verständnis übersteigt. Das Gehirn versteht das Gehirn nicht. »Ein Computer mit der gleichen Speicherkapazität wie das menschliche Gehirn«, vergleicht ein Wissenschaftsredakteur des »Spiegel«, »würde 200 Stockwerke hoch ragen und ganz Deutschland bedecken.«

Wozu der Evolutionsprozeß Jahrmillionen gebraucht hat, das schafft das Menschenbaby in ein paar Jahren, wenn die Ontogenese die Phylogenese zusammenfaßt und vergegenwärtigt. (Ontogenese = Verlauf eines Menschenlebens von der befruchteten Eizelle bis zum geschlechtsreifen Individuum; Phylogenese = Entwicklungsgeschichte der Menschheit).

Der Mensch, der seine Stammesgeschichte in sich trägt, beginnt als Zelle, die sich unablässig furcht und teilt: In der siebten Woche beginnt sich das Gehirn des inzwischen 2 cm großen Embryos im Mutterleib zu entfalten. Doch das Gehirn ist bei der Geburt noch nicht fertig. Erst ab dem dritten Lebensmonat nehmen die Gehirnzellen nicht mehr zu.

Wenn wir uns dem von Seele und Geist programmierten unergründlichen Neuronengebilde Menschengehirn nähern, sind wir uns ehrfurchstvoll bewußt, daß es als die komplizierteste Struktur im ganzen Universum gilt. Durchwandern wir das Gehirn wie ein aufregendes Museum, Abteilung für Abteilung, und wir werden aus dem Staunen nicht mehr herauskommen.

Hirnstamm

In dem dem archaischen Hirnstamm gewidmeten Erdgeschoß sind das »verlängerte Mark« *(Medulla oblongata)*, die »Brücke« *(Pons)* und das Mittelhirn untergebracht. Das sind die 3 Hauptbestandteile des Hirnstammes *(Truncus cerebri)*. Der »primitive« Hirnstamm verbindet Gehirn und Rückenmark, die bekanntlich zusammen das Zentralnervensystem bilden. Das Rückenmark ist gleichsam das »Fußvolk des Gehirns«.
Der Hirnstamm ist der Knotenpunkt aller auf- und absteigenden Nervenbahnen. Mit anderen Worten: im Hirnstamm verlassen und erreichen alle Hirnnerven das Gehirn. Für alle im Gehirn eintreffenden Informationen vom Körper (Sinneswahrnehmungen) und für alle Anweisungen des Gehirns an die einzelnen Teile des Körpers ist also das Stammhirn die Schaltstelle. Im Stammhirn wechseln die Nervenbahnen ihre Seite – sie überkreuzen sich: Das erklärt, warum die rechte Gehirnhälfte die linke Körperseite steuert und umgekehrt.
Der aus verlängertem Mark, Brücke und Mittelhirn zusammengesetzte Hirnstamm ist im Organismus verantwortlich für die elementaren Lebensfunktionen wie Atmung, Herzschlag, Blutdruck, Körpertemperatur, Flüssigkeitsbilanz, Verdauung, Fortpflanzung, Reflexe (Niesen, Schlucken, Blinzeln, Erbrechen, Husten) . . .
Kurzum: der Hirnstamm ist der Sitz des Überlebenswillens: er hält die biologische Stabilität des Organismus aufrecht.

Kleinhirn

In der hinteren Schädelgrube liegt das auf dem unteren Hirnstamm wie ein Knoten hängende Kleinhirn *(Cerebellum)*, das ein
Achtel des gesamten Gehirns ausmacht. Entwicklungsgeschichtlich gehört es wie der Hirnstamm noch zum »alten« Gehirn.
Eine der grundlegenden Aufgaben des Gehirns überhaupt besteht darin, Bewegung hervorzubringen. Daher ist das Kleinhirn
eine der wichtigsten Gehirnstrukturen, weil es das Steuerungs-
zentrum für alle Bewegungsabläufe ist. Das Kleinhirn koordi-
niert unsere gewollten wie unsere automatischen Muskelbewegungen, reguliert die Muskelspannung *(Tonus)*, ist für unsere
Körperhaltung zuständig (ob wir sie beibehalten oder ändern)
und sorgt für die Erhaltung der Balance (in Verbindung mit dem
Gleichgewichtsapparat im Innenohr).
Die motorischen Aktivitäten bewältigt das Kleinhirn in Zusammenarbeit mit den zuständigen Stellen der Großhirnrinde, namentlich dem sensorischen sowie dem motorischen Feld.
Ob wir den Telefonhörer zur Hand nehmen, den Bleistift spit-
zen, lächeln, eine Jacke zuknöpfen, eine Tasse Tee an die Lippen
führen, einen Regenschirm aufspannen, einen Fußball aufs Tor
knallen oder Kaugummi kauen – das Kleinhirn überwacht den
richtigen Ablauf der Bewegungen.
Nachdem wir uns im Erdgeschoß des Gehirnmuseums – dem sogenannten »alten Gehirn« – umgeschaut haben, begeben wir uns
in den 1. Stock: zum Zwischenhirn.

Zwischenhirn

Im Zwischenhirn *(Diencephalon)* finden wir u. a. den *Thalamus*, den *Hypothalamus* und die *Hirnanhangdrüse (Hypophyse)*.

Thalamus

Der vor und über dem Mittelhirn gelegene, paarig angelegte Thalamus (= Sehhügel) ist eine übergeordnete Schaltstation für die zur Großhirnrinde ziehenden Leitungen des Seh-, des Hör- und des somatosensorischen (Körperfühl-)Systems. In der Schaltstation des Thalamus laufen zahlreiche Informationskanäle aus den Sinnesorganen, aus den beiden Großhirnhälften, dem Kleinhirn und dem Hirnstamm zusammen. Der Thalamus spielt also eine Schlüsselrolle im Nachrichtenaustausch zwischen Gehirn und Rückenmark.

Dazu kommt, daß der Thalamus die Unzahl der von der Außenwelt eintreffenden Sinneswahrnehmungen, Eindrücke und Informationen affektiv und emotional interpretiert und klassifiziert. Vom Fachchinesisch ins Deutsche übersetzt: Der Thalamus färbt und tönt die Sinneswahrnehmungen usw. mit Gefühlen wie Freude, Lust, Angst und Schmerz. So dirigiert er Lachen und Weinen. Die Persönlichkeit und die Willenskraft eines Menschen sind also nicht zuletzt vom Thalamus geprägt.

Hypothalamus

Der unter dem Thalamus gelegene Teil des Zwischenhirns, der Hypothalamus, wird das »Gehirn im Gehirn« genannt. Der Hypothalamus ist ein Zentrum vegetativer Funktionen – im Bündnis mit dem Hirnstamm. Er veranlaßt, daß der Körper so reagiert, wie es die Außenwelt jeweils erfordert, so daß im Körper die *Homöostase* (Gleichgewichtszustand) aufrechterhalten wird.

Zum Beispiel: Damit das Blut nicht zu warm wird, leitet er abkühlende Maßnahmen ein: Schwitzen, Hecheln oder Erweiterung der Blutgefäße. Damit das Blut nicht zu kalt wird, regt er im Körper wärmeerzeugende Prozesse an, wie Zittern oder Zusammen-

ziehung der Blutgefäße in der Haut. Ob die Sonne brennt oder
der Frost klirrt, der Hypothalamus hält die Körpertemperatur
konstant.
Der Hypothalamus erzeugt Hunger- und Durstgefühle, ebenso
sexuelle Lust und Schlafbedürfnis, löst Wutausbrüche und An-
griffsverhalten aus, alles lauter homöostatische Mechanismen
mit dem Ziel, physiologisches Gleichgewicht und seelisches
Wohlbefinden herzustellen.
Der Hypothalamus ist das Bindeglied zwischen Nervensystem
und Drüsensystem. Er übt seine Wirkung auf die beiden Systeme
über die Steuerung der Hirnanhangdrüse aus, die direkt unterhalb des Hypothalamus liegt.

Hirnanhangdrüse

Die Hirnanhangdrüse (Hypophyse) ist die dominante Drüse des
Körpers, die alle Hormondrüsen dirigiert, die Körperwachstum,
Geschlechtsreife, sexuelles Verhalten, Blutdruck, Energiever-
brauch, Stoffwechsel usw. regeln. Die Hirnanhangdrüse regiert
also mittels der Hormone den Körper.
Ein Beispiel: Wenn der Hypothalamus körperlichen oder physi-
schen Streß feststellt, wendet er sich an die Hirnanhangdrüse um
Hilfe, die ihrerseits den Hormonproduzenten Nebennieren alar-
miert und beauftragt, Maßnahmen in die Wege zu leiten, um der
Belastungssituation gewachsen zu sein.
Konkret: Die Nebennieren genannte Drüse wird veranlaßt, die
Streßhormone Adrenalin und Noradrenalin in den Blutkreislauf
zu schicken, die alle Reserven des Körpers mobilisieren.
Im einzelnen: Die Streßhormone bewirken, daß sich die Pupil-
len erweitern, um das Sehfeld zu vergrößern; daß Blut von den
Eingeweiden, von der Körperperipherie und vom Gehirn abge-
zogen und in die Muskeln umgeleitet wird; daß das Herz hef-
tig schlägt, die Blutgefäße sich verengen und der Blutdruck
sich erhöht, um die Muskel schneller mit Blut zu versorgen;
daß der Zuckergehalt des Blutes steigt, um den Muskeln zusätzlich Energie zu liefern; daß sich die Bronchien dehnen, da-

mit mehr Sauerstoff aufgenommen werden kann . . . Das alles
sind biologische Notwehrmaßnahmen, um durch schnellste Reaktion Gefahren bestehen zu können – sei es durch Kampf oder
Flucht.

Limbisches System

Das Zwischenhirn ist eigentlich ein Teil des sogenannten limbischen Systems. Das limbische System ist wie ein »Saum« (limbus,
lateinisch: Saum) oberhalb des Hirnstammes und kann entwicklungsgeschichtlich im Grunde schon als erster und ältester Teil
des Großhirns betrachtet werden. Im limbischen System gehen
also Zwischenhirn und Großhirn ineinander über.
In der Hirnregion des limbischen Systems liegen neben den eben
beschriebenen Schlüsselelementen Thalamus, Hypothalamus
und Hypophyse noch der Hippocampus.
Der in den Tiefen des Schläfenlappens verborgene Hippocampus
(»Seepferdchen«, so benannt nach seinem Aussehen) spielt beim
Lernvorgang eine tragende Rolle und ist unentbehrlich zur Beförderung neuer Inhalte und Erfahrungen in das Langzeitgedächtnis.
Alles in allem dient das mit dem vegetativen Nervensystem ver-
knüpfte limbische System der Steuerung des Affekt-, Trieb- und
Instinktverhaltens.

Großhirn

Der dritte und oberste Stock der Gehirnarchitektur ist – entwicklungsgeschichtlich – ein Neubau, der das Großhirn oder Endhirn
darstellt, das sich wie eine Halbkugel über dem Zwischenhirn
wölbt. Der jüngste Gehirnteil macht übrigens beim Menschen $7/8$
der Gesamtmasse des Zentralnervensystems aus.
Wie eine Rinde den Baum umhüllt, so bedeckt die sogenannte

Hirnrinde wie ein Mantel das Großhirn. Daher der lateinische Name für die Großhirnrinde: *Cortex* = Baumrinde.

Die 2 bis 4 mm dicke Großhirnrinde des Menschen umfaßt rund 10 bis 15 Milliarden Nervenzellen. Um im Lauf der Entwicklung mehr Platz für Gehirnzellen zu gewinnen und die Oberfläche auf 2500 cm³ (!) zu vergrößern, war die Hirnrinde gezwungen, sich vielfach zu falten und zu furchen. Erst beim Menschen hat sich die Hirnrinde, eine den Säugetieren eigene Struktur, zu solcher Ausdehnung und Leistungsfähigkeit entwickelt.

Jener Hirnmantel – die Großhirnrinde – ist der fortgeschrittenste Gehirnteil. Bekannt als »Denkkappe« oder die »grauen Zellen«, ist die Großhirnrinde der Sitz unserer Intelligenz, unserer Kreativität und unseres Bewußtseins. In der Großhirnrinde spielen sich Erkennen, Denken, Lernen, Verstehen, Unterscheiden, Vergleichen, Beurteilen, Kombinieren, Entscheiden, Sprechen, Fühlen usw. ab. Ob wir organisieren, kommunizieren, etwas schätzen oder jemanden verachten, uns mit den Musen einlassen, eine Sinfonie hören oder nach dem Unbekannten fragen – die Großhirnrinde ist es letztlich, die uns das ermöglicht.

Linke und rechte Hirnhälfte

Das Großhirn ist in zwei spiegelbildliche Hälften *(Hemisphären)* unterteilt. Wie wir wissen, steuert jede Hälfte die ihr gegenüberliegende Körperhälfte: das linke Hirn die rechte Körperseite und das rechte Hirn die linke Körperseite. An einer rechtsseitigen Lähmung beispielsweise ist also die linke Hirnhälfte schuld, und umgekehrt.

Über die Spezialisierung und Arbeitsteilung der beiden Gehirnhälften informiert das 1. Kapitel des 1. Teils. Der dichte Informationsaustausch zwischen den Großhirnhälften läuft über einen aus 300 Millionen Nervenfasern bestehenden Strang, »Balken« *(Corpus callosum)* genannt. Jene Kommunikationsbrücke verbindet die beiden durch einen tiefen Einschnitt gespaltenen Hemisphären miteinander.

Die 4 Lappen

Jede Hälfte der Großhirnrinde ist unterteilt in 4 Bereiche, »Lappen« *(Lobi)* genannt: Hinterhauptslappen, Schläfenlappen, Stirnlappen und Scheitellappen. Die Lappen sind gleichsam die Kontinente der Gehirngeographie.

● Der *Hinterhauptslappen (Lobus occipitalis)* ist für den Gesichtssinn, d. h. das Sehvermögen, verantwortlich. Hierher gelangen die visuellen Informationen. Nicht mit den Augen »sehen« wir im Grunde, sondern mit der *Sehrinde,* dem optischen Zentrum im Hinterhauptslappen.

● Im *Schläfenlappen (Lobus temporalis)* liegt u. a. die *Hörrinde:* das Zentrum für das Hörvermögen. Hier erleben wir alle akustischen Sinneseindrücke von den Klängen bis zu den Geräuschen.

Der Schläfenlappen enthält ebenso das (nach dem Entdecker benannte) »Wernicke-Zentrum«: das *akustische* oder *sensorische Sprachzentrum,* das Sitz des Sprachverständnisses und der Begriffsbildung ist. Wenn das Wernickesche Areal ausfällt, ist jedes Wort- und Sprachverständnis aufgehoben. Die Sprache enthält dann nur mehr sinnlose Silben.

● Der größte der vier Rindenlappen, der *Stirnlappen (Lobus frontalis),* ist zuständig für Planung, Auswahl, Entscheidung und zielgerichtetes Verhalten.

Hoimar von Ditfurth bezeichnet das Stirnhirn als »Organ unserer Freiheit«. Er formuliert: »Vom Entwurf metaphysischer Systeme bis zum Bau von Konzentrationslagern, vom Kunstwerk bis zum kriminellen Akt, von der freiwilligen Selbstaufgabe für ein Ideal oder andere Menschen bis hin zur Fähigkeit, ›tierischer als jedes Tier zu sein‹ – es ist ein nahezu grenzenloses Feld an Möglichkeiten, das uns offensteht, weil wir ein Stirnhirn haben.«

Für die Bewegungskontrolle ist das sogenannte *motorische* (Bewegung steuernde) *Rindenfeld* zuständig – das Körperbewegungsfeld. Die der Motorik dienstbaren Zentren im hinteren Stirnlappenbereich steuern alle willkürlichen Bewegungen, vom Kauen (Schluckbewegungen) bis zum Spazierengehen. Wenn es darum geht, Bewegungen auszulösen, wirkt das motorische Rin-

denfeld als Aktivator der motorischen Nervenzellen im Rückenmark.

In der unteren linken Region des Stirnlappens liegt das *Broca-
Zentrum*: Es steuert den Wortfluß und sorgt dafür, daß uns die
Worte nicht fehlen.

• Der *Scheitellappen (Lobus parietalis)* mit dem *somatosensorischen Rindenfeld* (= Körperfühlfeld) registriert die Informationen von Haut und Körper: die Empfindungen der Sinne, z. B.
Berührung, Druck, Gelenkstellung, Körperhaltung, Schmerz,
Wärme. Im Scheitellappen werden jene Körperempfindungen zu
bewußten Erlebnissen. Hier setzen wir unsere Welt zusammen,
wie der Gehirnexperte Ornstein sich ausdrückt.

Wenngleich die verschiedenen Großhirnrindenfelder jeweils mit
bestimmten Aufgaben betraut sind und die einzelnen aneinander-
gekoppelten Gehirne unterschiedliche Rollen spielen, bleibt die
heutige Gehirnforschung überzeugt, daß die Lokalisierung der
geistigen Fähigkeiten bzw. psychischen Leistungen auf einer
»Gehirnlandkarte« problematisch ist.

Denn die geistig-seelischen Funktionen sind nicht voneinander
zu isolieren. Hirnteile sind in der Lage, füreinander einzusprin-
gen. Bei Ausfällen oder Störungen verlagern sich geistige Prozesse von einem Hirnteil in einen anderen. Das lebendige Gehirn
ist flexibel und anpassungsfähig. Und vor allem: Die über das gesamte Hirn verstreuten geistigen Funktionskreise ergänzen und
überschneiden einander. Sie hängen zusammen. Sie sind vernetzt. Die gesamte Gehirntätigkeit ist also ausschlaggebend, ob
es sich nun um diese oder jene geistige Fähigkeit oder Sinneslei-
stung handelt.

Eine 10 Millionen km lange Zahl

Arbeitsweise des Gehirns

10 bis 15 Milliarden Nervenzellen (*Neuronen*) zählt das Großhirn schätzungsweise, und 100 Milliarden das Hirn insgesamt.
Das Gehirn ist also ein gigantisches Neuronengebilde.

Die Gehirnzellen sind die außergewöhnlichsten Zellen – Zellen
sind die lebendigen Bausteine der Pflanzen- und Tierwelt –, die
die Natur hervorgebracht hat.

Die Gehirnzellen haben die Aufgabe, unaufhörlich Informationen zu verarbeiten und anderen Gehirnzellen Botschaften mitzu-
teilen. Wer das Gehirn mit einem Computer vergleichen möchte,
dem erwidern die amerikanischen Gehirnspezialisten Robert
Ornstein und Richard F. Thompson: »Eher ließe sich sagen, daß
eine einzige Nervenzelle des Gehirns wie ein ganzer Computer
funktioniert.«

Wie »sprechen« die Neuronen miteinander?

Axon und Dendriten

Jeder Zellkörper eines typischen Neurons besitzt eine *Axon* genannte lange Faser, die Botschaften an andere Zellen übermittelt,
und eine Vielzahl von *Dendriten* genannte kurze, verzweigte Fa-
sern, die Botschaften von anderen Nervenzellen entgegenneh-
men.

Die faserartigen Fortsätze des Zellkerns, das Axon als »Sender«

und die Dendriten als »Empfänger«, gewährleisten also den un-
vorstellbar regen und raschen Postverkehr hin und her, ein wah-
res Signalgewitter, auf dem unsere Erfahrung und unser Verhalten als Menschen basieren. Ob Urlaubsplanung oder Hustenan-
fall – dahinter steckt die Kommunikation zwischen den Neuronen oder von Neuronen mit anderen Zellen (z. B. Muskelzellen
oder Drüsenzellen).

Synapsen

Der Schauplatz der Übertragung der Nachrichten, also die Kon-
taktstelle der Neuronen, heißt *Synapse* (*synapto*, griechisch: Vereinigung): Über die Synapsen tauschen die Gehirnzellen untereinander ihre Botschaften aus.
Die Synapse ist ein winziger Spalt von 1 bis 5 Hundertstel Milli-
metern.
Die knöpfchenförmige Axonendigung enthält zahlreiche mit
chemischen Überträgerstoff *(Neurotransmitter)* gefüllte winzige
Bläschen. Bei der Übertragung einer Information platzen die
Bläschen des Axon-Endknöpfchens und schütten die chemische
Überträgersubstanz in den synaptischen Spalt. Der Neurotransmitter überbrückt den schmalen Spalt in Millisekundenschnelle
und erreicht die Membran des anliegenden Neurons, d. h. der
Zielzelle, so daß die Impulse an die Dendriten der Empfänger-
zelle übertragen werden können.
Die Synapse entspricht also einem Schalter, der, je nachdem, ob
er auf »An« oder »Aus« gestellt ist, Neuronen verknüpft oder
trennt.
Der von einem Neuron auf das andere übertragene Impuls kann
erregend *(exzitatorisch)* oder hemmend *(inhibitorisch)* sein. Mit
anderen Worten: Er kann die Aktivität des benachbarten Emp-
fängerneurons steigern oder dämpfen. (Synapsen haben neben
dem Nachrichtentransport noch eine Aufgabe in der Informationsspeicherung.)

Eine einzelne typische Nervenzelle kann über Synapsen mit mehreren tausend anderen Neuronen in Verbindung stehen. Bei 100 Milliarden Gehirnzellen besitzt das menschliche Gehirn wenigstens 100 Billionen (100 000 000 000 000) Synapsen, die den Informationsverkehr im Gehirn regeln, damit wir denken, lernen und uns erinnern können. Wieviele Wechselverbindungen zwischen den Neuronen sind überhaupt möglich?

10^{800}, schätzen Wissenschaftler. Stellen Sie sich vor: 1 mit 800 Nullen. (Eine Trillion hat – zum Vergleich – 18 Nullen). Die Zahl der Atome im Universum beträgt »nur« 10^{100}.

Doch Professor Dr. Pyotra Anokin (Universität Moskau), der die Gehirnkapazität in der Informationsverarbeitung erforscht, ist der Überzeugung, daß die genannte Zahl der Verbindungsmöglichkeiten viel zu niedrig ist. Sie ist, nimmt er an, so gut wie unbegrenzt.

Nach Pyotra Anokin – der übrigens ein Schüler des weltberühmten russischen Physiologen und Nobelpreisträgers Iwan Pawlow war – ist die Zahl der möglichen Wechselverbindungen (Strukturbildungsmöglichkeiten) der vernetzten Gehirnzellen so hoch, »daß man für das Niederschreiben in normalen Manuskriptziffern eine Linie von mehr als 10,5 Millionen Kilometern Länge benötigen würde. Mit einer solchen Zahl von Möglichkeiten ist das Gehirn eine Klaviatur, auf der Hunderte von Millionen verschiedener Melodien gespielt werden können.« Myriaden Neuronennetze dienen also unserer geistigen Fitneß.

Neurotransmitter

Die Nachrichtenübermittlung ist ein elektro-chemischer Vorgang. Die »Postboten« der Nervenzellen sind die chemischen Neurotransmitter.

Unter den Hunderten verschiedenen chemischen Neurotransmittern (Überträgerstoffen) im Gehirn ist das *Acetylcholin* (ACh) der bekannteste und häufigste. Das ACh, haben Wissenschaftler herausgefunden, ist eine für die mentalen Fähigkeiten entscheidende Substanz. Ein ACh-Mangel im Gehirn schwächt Lernfähigkeit, Gedächtnis und Intelligenz. Wurde in Experimenten die ACh-Produktion aber angeregt oder ACh injiziert, steigerte sich die geistige Fitneß sprunghaft.

Andere maßgebliche chemische Neurotransmitter sind: *Noradrenalin, Dopamin, Glutaminsäure* und *Serotonin.*

Der Neurotransmitter *Noradrenalin (Norepinephrin)* ist gleichfalls unentbehrlich für die geistige Fitneß. Er schärft die Hirnkraft und gilt als »Jungbrunnen des Geistes«. Lernfähigkeit und Gedächtnis sind also nicht zuletzt vom Noradrenalinspiegel im Gehirn abhängig. Die Neurotransmitter *Glutaminsäure* und *Serotonin* sind ebenso am Lernen und an der Erinnerungsbildung beteiligt. Esoteriker behaupten, daß Serotonin spirituelle Erfahrungen begünstigt.

Chemie – und kein Ende

Nach Dr. David Samuels (Weizmann Institut) finden minütlich zwischen 100 000 und 1 Million verschiedene chemische Reaktionen statt, allein um die fundamentale Gehirntätigkeit in Gang zu halten.

Biochemische Prozesse liegen der Aufnahme, Verarbeitung, Speicherung, Reproduktion und Weiterleitung von Informationen zugrunde, ebenso wie der von den Motoneuronen kontrollierten Tätigkeit der Muskeln und Drüsen.

Die Rezeptormoleküle einer Nervenzelle nehmen nicht nur Botschaften der erwähnten Neurotransmitter entgegen, sondern gleichfalls die Impulse der Hormone, der Proteine, der Peptide bzw. Endorphine. Die Rezeptormoleküle eines Neurons akzeptieren sogar bestimmte Gifte, Arzneien und Rauschmittel, als ob sie Neurotransmitter wären.

Hormone

Die Hormone genannten chemischen Botenstoffe werden in Drüsen produziert und gelangen über die Blutbahn zu ihrem Bedarfsort, d. h. zur Zielzelle bzw. zum Zielorgan. Sie wirken dort wie die Neurotransmitter auf die Rezeptormoleküle der Neuronen und anderer Zellen ein und verursachen langanhaltende und tiefgreifende Reaktionen bzw. Veränderungen im Zielgebiet.

Hormonfabriken – sprich Drüsen –, die ihre Wirkstoffe in den Blutstrom abgeben, sind die *Hypophyse* (Hirnanhangdrüse), die *Schilddrüse*, die *Bauchspeicheldrüse* (Pankreas), die *Keimdrüsen* (Eierstöcke bei der Frau und Hoden beim Mann), die *Nebennieren*, die *Thymusdrüse* und die *Zirbeldrüse* (Epiphyse).

Am Schalthebel aller Drüsenaktivitäten sitzt die im Zwischenhirn lagernde Hirnanhangdrüse *(Hypophyse)*, die allen Hormondrüsen übergeordnet ist. Sie stellt Hormone her, die andere Drüsen zur Bildung und Freisetzung eigener Hormone veranlaßt.

Proteine

Proteine, in den Neuronen produziert, dienen ebenso als Transportmoleküle – als Informationsträger. In die Gehirnzellen eingelagert, bilden sie eine Grundlage für die stoffliche Verankerung von Informationen im Langzeitgedächtnis.

Das Nachlassen der Proteinsynthese im Alter bringt es daher mit sich, daß es Senioren nicht mehr so leicht fällt, Aktuelles länger im Gedächtnis festzuhalten.

Die Erfahrungen »prägen« sich im buchstäblichen Sinn nicht mehr so einfach ein wie in jungen Jahren. Denn Langzeitgedächtnis und Lernfähigkeit hängen mit sogenannten »Engrammen« (*Engramm*, griechisch: »Eingraviertes«) zusammen – materiellen Spuren im Gehirn, die jeder Reiz hinterläßt. Die Gedächtnisspuren – Engramme – stützen sich auf Proteine.

Ribonukleinsäure

Der in allen Zellen anzutreffende chemische Botenstoff *Ribonukleinsäure* (RNS) steuert die Zusammensetzung der Aminosäuren zu Proteinen. Während des Einprägens oder Erinnerns wird in den Nervenzellen laufend Ribonukleinsäure als Informationsträger produziert.

Wird die Protein- oder die Ribonukleinsäurebildung herabgesetzt – z. B. durch Kohlendioxyd, Elektroschock oder Unterkühlung –, ist die Merkfähigkeit gestört, und Erinnerungslücken treten auf.

Peptide

Außer von der Protein- und der Ribonukleinsäuresynthese im Gehirn hängen Informationsspeicherung und Erinnerungsbildung von der Peptidfabrikation ab.

Der bahnbrechende Peptidforscher David de Wied, ein niederländischer Pharmakologe, schreibt über die Peptide: »Sie fördern das Registrieren, die Konsolidierung, die Unterdrückung und das Wiederauffinden von Informationen und ermöglichen so die Wahl des angemessenen Verhaltens.«

Während Neurotransmitter – nach einem Vergleich des Biomediziners Joseph Light – wie Drähte funktionieren, die individuelle Telefonapparate miteinander verbinden, betont Light: »Peptide aber sind eher mit einer Fernsehausstrahlung zu vergleichen, die von jedermann mit dem richtigen Gerät empfangen werden kann.«

Das natürliche Peptid MSH-ACTH 4-10 beispielsweise steigert die Aufmerksamkeit, die Wachsamkeit und die Lern- und Gedächtnisleistung, fördert aber gleichzeitig die Entspannung durch Verstärkung der Thetawellen im Gehirn.

Das synthetische Peptid *Vasopressin* verstärkt ebenso die Thetawellen, verkürzt die Reaktionszeit und regt die Freisetzung von Endorphinen an.

Endorphine

Die Botenstoffe *Endorphine*, die bekanntesten Peptide, können wie Neurotransmitter die Synapse überbrücken und Kontakt mit der Nachbarzelle aufnehmen, oder sie können wie Hormone

über den Blutweg ins nahe oder ferne Zielgebiet gelangen und die
entsprechenden Veränderungen in die Wege leiten.
Endorphine ist ein Kurzwort für »Endogene Morphine« (= körpereigenes Morphium). Es handelt sich also bei den erst in den
siebziger Jahren entdeckten Endorphinen um Opiate, die auf natürliche Weise im Gehirn erzeugt werden.
Endorphine lindern den Schmerz, dämpfen den Streß, heben die
Stimmung, vermitteln Glückserlebnisse, Euphorie (sorglose Heiterkeit) und Lust, was ihnen die Bezeichnung »Schlüssel zum
Himmel« eingetragen hat. Zudem steuern die Endorphine Informationsaufnahme und Erinnerung und verbessern dadurch unsere mentalen Leistungen. Sie bewirken ein schöpferisches Hoch,
oder, wie sich Gehirnwissenschaftler ausdrücken, »einen endorphin-energetisierenden Bewußtseinszustand«.
Die Neurologen haben entdeckt, daß in einer Kreativitätsphase
in den frontalen Schläfenlappen (dort befinden sich überdurchschnittlich viele Opiatrezeptoren) viele Endorphine ausgeschüttet werden.
Von der Biochemie zur Bioelektrizität.

Gehirnströme

Während das Langzeitgedächtnis, das Informationen nachhaltig
speichert, auf chemischen Veränderungen im neuronalen Netzwerk beruht, ist das Ultrakurzzeitgedächtnis eine elektrische Erscheinung: Im Gehirn kreisende elektrische Ströme und Schwingungen halten Informationen ein paar Sekunden fest.
Zur Gehirnelektrizität allgemein:
Luigi Galvani (1737–1798), der italienische Naturforscher, behauptete schon 1792, daß im Gehirn elektrische Energie erzeugt
wird, beweisen konnte es aber erst 1875 der englische Arzt R.
Caton.
Dem deutschen Psychiater Hans Berger (1873–1941) gelang es
1924 zum ersten Mal, die elektrische Aktivität des Gehirns auf-

zuzeichnen, also ein sogenanntes *Elektroenzephalogramm* (EEG) zu verfertigen.

Der Neurophysiologie war damit ein bahnbrechendes Instrument in die Hand gegeben: der Elektroenzephalograph zur Analyse der Gehirnwellen. An der Kopfhaut angebrachte Elektroden leiten die Gehirnströme ab, und ein Stift stellt sie auf einer Millimeterpapier-Rolle in zackigen Linien grafisch dar.

Unterschieden werden 4 Gehirnwellenmuster:

1. *Betawellen* (Frequenz 15 bis 24 Hertz) sind charakteristisch für den normalen Wachzustand und für nach außen gerichtete Aufmerksamkeit. Sie begleiten das prüfende, logisch-analytische Denken und die Verarbeitung von Sinnesreizen. Die hochfrequenten, d. h. schnellen Betawellen spiegeln Gespanntheit, Alarmbereitschaft, Unruhe, Sorge, Streß. Sie lähmen die Kreativität.

2. *Alphawellen* (8 bis 14 Hz) sind charakteristisch für den Entspannungszustand sowie den Einklang von Körper und Geist. Sie begleiten fließendes Denken, zeigen Aufnahmefähigkeit und Merkfähigkeit an und spiegeln Zuversicht und ein wohliges Gefühl. Meditierende erzeugen Alphawellen, ja sogar Thetawellen.

3. *Thetawellen* (4 bis 7 Hz) sind charakteristisch für Tiefenentspannung. Der erwachsene Durchschnittsmensch unserer Zivilisation erfährt den Theta-Zustand gewöhnlich nur beim Einschlafen und Aufwachen. Kinder haben indes in der Regel noch einen hohen Anteil von Thetawellen.

Im Thetabereich vollziehen sich, wie der texanische Universitätslehrer für Chemie Thomas E. Taylor in Untersuchungen herausgefunden hat, der Intuitionsblitz, das schlagartige Erkennen neuen Wissens, die schöpferische Einsicht, das Aha-Erlebnis. Ein »Licht« geht uns nur im Thetabereich auf.

Thetawellen verleihen uns Flügel der Phantasie und der Inspiration und fördern in hohem Maß die Lernfähigkeit.

4. *Deltawellen* (1 bis 3 Hz) sind charakteristisch für Tiefschlaf, Trance und Tiefenhypnose. Die extrem langen Deltawellen ermöglichen die Wachstumsvorgänge, lassen den Heilungsprozeß zu und halten das Immunsystem funktionstüchtig.

Dritter Teil

Praktisches Programm

Dreidreidrei – Issos Keilerei

Mnemotechnik: Eselsbrücken und andere Gedankenstützen

»Ich kann mich nurmehr an eine einzige Jahreszahl aus dem Geschichtsunterricht erinnern: 333«, sagte einmal jemand, »aber was damals los war, das weiß ich längst nicht mehr.«
Er wüßte es noch, hätte er meinen Geschichtslehrer gehabt, der es mit der Mnemotechnik gehalten hat. »Dreidreidrei: Issos Keilerei«, reimte er, und seine Schüler wissen noch als Senioren: 333 v. Chr. fand die Schlacht bei Issos statt.
Bevor wir uns zu Gemüte führen, was die Wissenschaftler, namentlich die Gedächtnisforscher sowie die Lernpsychologen und -pädagogen, raten, um die Lern- und Merkfähigkeit zu verbessern, gehen wir bei den Gedächtniskünstlern in die Schule, um deren Kniffe abzuschauen. Sie sind die Meister der *Mnemotechnik* oder *Mnemonik*: der Leistungsteigerung des Gedächtnisses durch Hilfsmittel.

Reime

Ob Sie ein begnadeter Verskünstler oder ein weniger talentierter Reimeschmied sind, was tut's. reimen Sie auf Biegen und Brechen! Sie sind im Zweifel: schreibt man Rhytmus oder Rythmus? Oder . . .? Das kann dem Mnemotechniker nicht passieren. Er hat ein Sprüchlein zur Hand:

»Rhythmus – merk dir's ja,
schreibt man mit 2 ha.«

Und wenn Hänschen oder Gretchen im Schulaufsatz »Miter« statt »Mieter« schreibt, kann der Lehrer verhindern, daß sie zu Wiederholungstätern werden, wenn er eine gereimte Merkhilfe anbietet: »Schlechte Mieter zahlen nie.« »Nie« ist das Warnsignal.

Ein schnell hingeworfener Merkvers kann ebenso helfen, sich einen Namen einzuprägen, wenn sich auffällige Gesichts-, Verhaltens- oder Charaktermerkmale als »Aufhänger« anbieten, sagt »Gedächtniswunder« Harry Lorayne und nennt Beispiele: »Herr Falt ist alt«, »Herr Mumm ist dumm«, »Herr Tender ist ein Blender« . . .

Merk-würdiges

Wie hilft sich der Gedächtnisakrobat Harry Lorayne, um beim Aufzählen der berühmten nordamerikanischen Seen Huron, Ontario, Michigan, Erie und Superior keinen auszulassen? Er denkt an den griechischen Dichter Homer. Die ersten 4 Buchstaben des Dichternamens sind die Anfangsbuchstaben von Huron, Ontario, Michigan und Erie, und der fünfte Buchstabe ist der Endbuchstabe von Superior.

Wie merkt er sich, daß der Fujiyama, Japans heiliger Berg, 12 365 Fuß hoch ist? 12 Monate und 365 Tage hat das Jahr.

Sie selbst nutzen eine Merkhilfe, wenn Sie wissen wollen, wie viele Tage der April oder der Oktober hat. Sie zählen es an den Knöcheln der Handrücken ab. Knöchel: 31, Zwischenraum: 30.

Haben Sie sich als Schüler, um die Musiknoten zwischen den Linien zu behalten, nicht an den Merkspruch gehalten: »Fritz aß Citronen-Eis«? Die Anfangsbuchstaben ergeben die Töne f, a, c, e.

Die in die Memorierkunst eingeweihte Hausfrau braucht keinen Spickzettel anzufertigen, wenn sie Butter, Eier, Rettich, Lachs, Ingwer und Nudeln zu besorgen hat. Sie wird im Lebensmittelgeschäft keinen der 6 Artikel vergessen. Denn sie hat sich als Eselsbrücke die Anfangsbuchstaben der gewünschten Lebensmittel gemerkt: BERLIN.

728293031365: Können Sie sich diese 12 stellige Zahl auf Anhieb lebenslang merken? Nichts ist leichter als das, wenn Sie entdekken, daß sich hinter der genannten Zahlenreihe die Tage einer Woche (7), eines Monats (28, 29, 30, 31) und eines Jahres (365) verstecken.

Sie wollen sich die Telefonnummer 24 25 12 merken? Denken Sie an Weihnachten: an den Heiligen Abend (24.), den Christtag (25.) und an den 12. Monat (Dezember).

Ein phantasievoller Franzose wird keine Schwierigkeit haben, sich die Telefonnummer 14 07 89 einzuprägen. Hinter der Ziffernfolge verbirgt sich nämlich der französische Nationalfeiertag: 14. Juli (1789).

90 10 03: leicht zu merken, wenn sie be-merken, daß in der Zahl Jahr, Monat und Tag der deutschen Wiedervereinigung schlummern.

Oder entdecken Sie hinter Zahlen, die Sie zu speichern haben, Rechenaufgaben: 93 23 70 (93 minus 23 = 70) oder 23 12 35 (23 plus 12 = 35).

Worauf es ankommt: das in Daten, Namen usw. versteckte Merk-würdige und Merk-bare zu entdecken.

Mit Erfindungsgeist und Phantasie lassen sich unzählige Gedankenstützen finden, die uns beim Behalten dienlich sind: Wortspiele, Gleichnisse, Symbole, Kürzel usw.

Dick und Doof für 10

Kleines Einmaleins des Zahlengedächtnisses: Zahlenbilder

Die meisten Menschen haben Qualen mit Zahlen.

Bilder – Worte – Sätze – Namen – Gesichter – Zahlen: Das ist, wie Wissenschaftler herausgefunden haben, die Stufenfolge in der Skala, die anzeigt, was sich der Mensch am leichtesten bzw. am schwersten merken kann. Also: Am leichtesten merkt sich der Mensch Bilder, am schwersten Zahlen.

Daher ist es das 1. Gebot der Mnemonik, Zahlen in Bilder zu übersetzen.

Laufend werden uns in Alltag und Schule abstrakte Zahlen abverlangt: Hausnummern, Autonummern, Telefonnummern, Fahr- und Flugpläne, Tabellen, Meßwerte, Maße, Formeln, Jahreszahlen, Geburtstage usw. Was können wir tun, damit sie einsickern? Gedächtniskünstler haben die Methode der Zahlenbilder erfunden. Sie machen die Zahlen gegenständlich. Mit anderen Worten: Sie verwandeln die Zahlen in Bilder, in Erinnerungs- oder Schlüsselbilder. Stellen Sie sich die Zahlen 0 bis 10 in Form von Bildern vor. Wenn Sie ein eigenes Bild für jede Zahl finden, ist das natürlich am besten. Wenn das aber nicht sofort gelingt, wählen Sie jeweils ein Bild – nur eines! – aus der nachfolgenden Liste mit Vorschlägen der Gedächtnisartisten aus. Alle anderen vergessen Sie auf der Stelle. Mit einem farbigen Text-Marker oder Filzstift können Sie gleich jenes Bild hervorheben, das Ihnen am meisten zusagt, weil es Ihrer Meinung nach der Form der Zahl am ähnlichsten sieht oder weil es Ihnen am meisten Spaß macht oder weil es Ihnen wegen der Klangähnlichkeit oder aus irgendeinem anderen Grund am treffendsten erscheint.

0: Ei, Seifenblase

1: Pfosten, Bleistift, Strohhalm, Federhalter, Kerze, Stab, Taktstock, Penis, Leuchtturm; Einhorn, Pfennigstück

2: Schwan, Gans, Ente; Zwillinge, Brille, Kirschenpaar

3: Brüste, Doppelkinn, Gesäß, Maulwurfshügel; Kleeblatt, Dreieck, Dreifuß, Dreirad, Dreizack (des Neptun), Pyramide (besteht aus Dreiecken)

4: Yacht, Tisch, Stuhl; vierblättriger Klee, Vierbeiner (Hund), Fenster (Viereck), Quadrat, Rechteck (4 Ecken)

5: Becken und Trommel, Haken, schwangere Frau; 5 Finger (Hand), 5-Pfennig-Stück, (fünfzackiger) Stern

6: (eingerollter) Elefantenrüssel, Jojo-Scheibe auf dem Seil, Golfschläger, Schaukelstuhl, Kirsche, Pfeil; Würfel mit 6 obenauf, Sex

7: Klippe, Angelschnur, Bumerang, Laternenpfahl, Galgen, Fahnenstange mit Fahne; Siebenschläfer, Sieb

8: Brezel, Schneemann, Sanduhr, Sexbombe; Achterbahn, Ruderboot (Achter), Eislauf

9: Tennisschläger, Spermafaden, Pfeife, Kaulquappe, Flagge, Teekanne, Lorgnon, Meßband, (eingerollte) Schlange; Kegelspiel, Fisch (Neunauge)

10: Schläger + Ball, Billardstock mit Kugel, Stan Laurel + Oliver Hardy (Dick und Doof), Pat + Patachon; Füße (10 Zehen, außerdem Klangähnlichkeit zwischen 10 und Zehen), 10 Gebote, Zähne (Klangähnlichkeit zwischen 10 und Zähne)

Das sind Vorschläge von Gedächtnisexperten. Schreiben Sie in der am Schluß des Kapitels folgenden Tabelle das Symbol Ihrer Wahl neben jede Zahl, alle anderen Symbole lassen Sie unter den Tisch fallen.

Lernen Sie Ihre persönlichen Zahlenbilder auswendig, bis Sie Ihnen in Fleisch und Blut übergegangen sind. Der große Nutzen,

den Sie daraus ziehen, ist die kleine Mühe wert. Länger als eine
Viertelstunde brauchen Sie nicht dafür.
Wenn Sie in Zukunft die Zahl 5 oder 9 sehen oder hören, taucht
automatisch vor Ihren Augen ein fünfzackiger Stern oder eine
eingerollte Schlange auf, falls Sie sich für jene Symbole entschie-
den haben.

Meine persönlichen Zahl-Form-Schlüsselbilder

0: *EI* . . . .   6: *SCHAUKELSTUHL*
1: *PFENNIG* . . . . .   7: *GALGEN* . . . .
2: *SCHWAN* . . . . . .   8: *SANDUHR* . . .
3: *GESÄSS* . . . . . .   9: *SPERMATADEN*
4: *STUHL* . . . . . .   10: *DICK UND DOOF*
5: *SCHWANG. FRAU*

Die Zahlenbilder oder bildhaften Zahlen erlauben Ihnen, frap-
pierende Gedächtnisleistungen zu erbringen, wenn Sie zudem die
Verknüpfungstechnik beherrschen, die das A und das O aller
Mnemonik ist.

Kind beißt Hund

Schlüssel der Merk-Kunst: die Verknüpfungstechnik

Die *Verknüpfungstechnik* wird die »Mutter des Gedächtnisses« genannt, weil sie die Grundlage aller Merksysteme bildet.
Nachdem wir Zahlen, Worte, Begriffe, Paragraphen, Argumente usw. eines Merkstoffes »gehirngerecht« gemacht, d. h. in Bilder übersetzt haben, verknüpfen wir die Bilder zu einem Fernsehspot oder einen Film oder einen Comicstrip.

> Die bildlichen Vorstellungen und Verknüpfungen sollen möglichst unlogisch, absurd, grotesk, skurril, komisch, possenhaft, lächerlich, albern, blödsinnig, vulgär, schlüpfrig, obszön, sinnlich, gigantisch, übertrieben, verzerrt, schockierend, grausig, gruselig, kontrastreich, leuchtend, grell, dramatisch, effektvoll und bewegt sein, denn statische und gewöhnliche Phantasiebilder bleiben im Gedächtnis nicht hängen! Je ausgefallener, um so wirkungsvoller.

Sie sollen sich beispielsweise die zwei Begriffe »Hund« und »Kind« merken. Sie bilden daher gemäß der Verknüpfungstechnik eine Zweierkette – sie assoziieren zwei Begriffe in einem Bild – und stellen sich lebhaft vor, wie ein Hund ein Kind beißt? Nein, das ist zu banal für das Gedächtnis. Sie sehen vielmehr klar und deutlich vor sich, wie das Kind den Hund beißt.

Die Verknüpfungstechnik erlaubt natürlich nicht nur, zwei Begriffe miteinander zu verbinden, sondern ebenso drei, vier oder fünf, und sogar lange Ketten mit 10 bis 15 Begriffen zu bilden. Bei allen Verknüpfungsketten gilt es, sich die Bilder intensiv vorzustellen und dabei alle Sinne einzubeziehen, Sehen, Hören, Riechen, Schmecken und Befühlen.

Mit der Verknüpfungstechnik können wir, wie gesagt, die im vorigen Kapitel erlernten Zahlenbilder für unsere Gedächtnisleistung nutzbar machen.

Beispiel 1: Wir haben uns eine vielstellige Zahl zu merken. Kein Problem. Wir verknüpfen (assoziieren) einfach unsere persönlichen Zahlenbilder zu einer phantasievollen, plastischen, spektakulären, dynamischen Geschichte, die wir farbig auf die Innenseite unserer Augenlider wie auf eine Kinoleinwand projizieren. Sie sollen z. B. die zehnstellige Zahl 9265380147 im Kopf behalten. Nehmen wir einmal an, Sie haben für die entsprechenden Ziffern folgende Zahlenbilder erkoren: 9 = Tennisschläger, 2 = Schwan, 6 = Elefantenrüssel, 5 = schwangere Frau, 3 = Dreirad, 8 = Brezel, 0 = Ei, 1 = Kerze, 4 = Hund, 7 = Laternenpfahl.

Es geht wohlgemerkt nicht darum, unter Zeitaufwand eine ausgetüftelte wettbewerbsreife Geschichte zu erfinden, sondern darum, Ihnen von selbst zufliegende Verknüpfungen zu verwenden. Krampfhaftes Bemühen bringt nichts.

Wichtig ist einzig und allein, daß die Handlung nicht selbstverständlich ist, sondern absonderlich.

Mir fällt zu den genannten Zahlenbildern z. B. folgende Szene ein:

Ein *Tennisschläger* gleitet wie ein fliegender Teppich durch die Lüfte. Passagier ist ein *Schwan*. Der Schwan beugt sich mit seinem langen Hals zur Erde und küßt im Zoo einen seinen *Rüssel* emporstreckenden Elefanten. Eine *schwangere Frau* am Elefantengehege, die den Vorgang beobachtet, ergreift panisch die Flucht auf dem *Dreirad* ihres Sprößlings, der beim Anblick der Reißaus nehmenden Mutter seine *Brezel* fallen läßt, die auf ein

aus dem Käfig rollendes *Ei* fällt. Dem Ei entschlüpft daraufhin –
siehe da – eine *Kerze*, die ein *Hund* als *Laternenpfahl* benützt.
Die Szene läßt mich die Zahl 9265380147 gewiß nicht vergessen.
Beispiel 2: Wir haben uns eine Liste mit 10 Begriffen bzw. Ge-
genständen einzuprägen, und zwar in der angegebenen Reihen-
folge: 1. Luftballon, 2. Bergschuhe, 3. Oma, 4. Schmuck, 5. Stra-
ßenbahnkontrolleur, 6. Sonnenschein, 7. Fee, 8. Raumschiff, 9.
Teller, 10. Türklinke.
Mit unseren Zahlenbildern und der Verknüpfungstechnik eine
Spielerei. Bilden wir also 10 merkwürdige Assoziationspaare,
d. h. verknüpfen wir unsere 10 persönlichen Zahlenbilder mit
den der Reihe nach einzuprägenden Begriffen.
Zum Beispiel:
Kerze (1) + Luftballon:
Woher kommt der Knall? Kein Wunder, die brennende *Kerze* hat
einen *Luftballon* durchlöchert. Pfui, wie das stinkt!
Schwan (2) + Bergschuhe:
Armer *Schwan*! So elegant gleitet er auf dem Wasser, und jetzt
soll er in *Bergschuhen* einen Gipfel erklimmen. Dabei macht er
eine jämmerliche, plumpe Figur.
Dreirad (3) + Oma:
Oma mit Lederjacke und Sturzhelm, ihre plärrende Enkelin auf
den Schultern, braust wild strampelnd auf einem *Dreirad* davon
wie in einem Formel-1-Rennwagen.
Hund (4) + Schmuck:
Der *Hund* frißt aus seinem Futternapf, aber welch ein Futter:
Schmuck (eine goldene 18karätige Halskette, Ohrclips, Ringe,
Colliers, Medaillons, Broschen, Armreifen, Perlen . . .).
Natürlich ist es auch möglich, sich vorzustellen, wie Madame
ihren Hund für den Schönheitswettbewerb vorbereitet: Sie be-
hängt ihn über und über mit Schmuck – mit edelsten Smaragden,
Saphiren und Rubinen, um ihn zu guter Letzt mit einem Diadem
zu krönen.
Schwangere Frau (5) + Straßenbahnkontrolleur:
Ein *Straßenbahnkontrolleur* weist eine *schwangere Frau* an, ihren

Sitzplatz einem 15jährigen Schüler im Fußballdreß anzubieten. Die älteren Passagiere klatschen Beifall, die jüngeren sind empört.

Elefantenrüssel (6) + Sonnenschein:
Ein Elefant betritt die Manege und balanciert – wie ein Seehund einen Ball – die Sonnenscheibe auf dem *Rüssel*, so daß das frenetisch applaudierende Zirkuspublikum in blendenden *Sonnenschein* – einem grellen Flutlicht gleich – getaucht wird.

Laternenpfahl (7) + Fee:
Wie in einem Märchen: Ein an einen *Laternenpfahl* gebundener Feind entpuppt sich als *Fee*, die ihre Arme erhebt und engelgleich entschwebt.

Brezel (8) + Raumschiff:
Ein *Raumschiff* ist gestartet, muß aber umkehren, weil der Proviantmeister die *Brezeln* vergessen hat.

Tennisschläger (9) + Teller:
Auf dem Tennisplatz – wir trauen unseren Augen nicht – spielen die Sportler mangels *Tennisschlägern* mit *Tellern*. Freilich, Scherben gibt es viele, die den Platz übersäen.

Stan Laurel & Oliver Hardy (10) + Türklinke:
Wir schauen uns einen alten Film mit Dick und Doof an: Die beiden Leinwandkomiker mühen sich vergeblich ab, eine Tür zu öffnen, denn *Stan* zerrt innen und *Oliver* außen an der *Türklinke*.

Projizieren wir die Bilder bei geschlossenen Augen auf die Innenseite der Augenlider wie auf einen Schirm, und wir können bei Bedarf alle Begriffe der Reihe nach abrufen: Luftballon, Bergschuhe, Oma, Schmuck, Straßenbahnkontrolleur, Sonnenschein, Fee, Raumschiff, Teller und Türklinke.

Wir können die Zahlenbilder bei vielen Gelegenheiten als Aufhänger benützen – gleichsam als Kleiderbügel im Schrank des Gedächtnisses, um uns eine Reihe von beliebigen Stichworten zu merken, seien es Stichworte einer Einkaufsliste, eines Tages- oder Wochenprogramms, eines Examensstoffes, eines Buchinhalts, eines Vortragstextes, eines Verkaufsgepsräches, eines Telefonats, einer Fernsehsendung und eines Zeitungsartikels. Oder markante Orientierungspunkte einer Fahrtroute: z. B. Tankstelle, Bahnschranken, Kirche, Brücke, Parkanlage, Dichterdenkmal, Unterführung, Brunnen, Kino, Busgarage.

Wir hängen einfach die einzuprägenden Schlüsselworte – Kerngedanken oder Schwerpunkte – auf unseren Kleiderbügel der Erinnerung. Das heißt: Wir verketten die Schlüsselworte mit unseren persönlichen Zahlenbildern in einem ungewohnten Bild – und es wird uns ein leichtes sein, sie vorwärts und rückwärts oder durcheinander abzurufen. Nichts anderes macht der Gedächtnisakrobat auf der Bühne, wenn ihm aus dem Publikum eine Fülle willkürlicher Worte zugerufen wird, die er lückenlos wiederholen muß. Versuchen Sie sich doch selbst einmal als Amateur-Gedächtniskünstler im gesellschaftlichen Kreis von Freunden, Bekannten oder Verwandten.

Die Kleiderbügel bleiben gleich, austauschbar sind aber die Kleider – sprich Merkworte. Entscheidend ist bei allem, Zahlenbild und Merkwort zu einem unverwechselbaren Bild zu verknüpfen, das wir mit allen Sinnen erleben.

Von Zehe bis Anis

Großes Einmaleins des Zahlengedächtnisses: Code der Ersatzkonsonanten

Mit dem eben dargelegten System der Zahlenbilder kommen wir aus, wenn wir eine höchstens 10stellige Zahl oder bis zu 10 Gegenstände bzw. Begriffe im Gedächtnis zu speichern haben. Es ist das kleine Einmaleins des Zahlengedächtnisses. Das reicht häufig im alltäglichen Leben.

Gedächtniskünstler brauchen aber ein System, das ihnen praktisch keine Grenzen setzt, und sie haben es gefunden im einfachen Code der Ersatzkonsonanten, den auswendig zu lernen sich für uns alle lohnt. Die Ersatzkonsonantenmethode ist das große Einmaleins des Zahlengedächtnisses. Wir können damit unsere Merkfähigkeit über die Maßen steigern und ein Leben lang vorteilhaft nutzen.

Gedächtnistrainer Buzan bezeichnet das System als den Star aller mnemotechnischen Systeme. Und Gedächtnisaktrobat Harry Lorayne bekräftigt: »Ich beschäftige mich fast nur mit der Entwicklung neuer und der Verbesserung bereits bestehender Gedächtnissysteme, und mir ist keine Methode bekannt, die nur annähernd so vielseitig und so unbegrenzt ist.«

Das System hat eine lange Geschichte. Der Deutsche Stanislas Mink von Wennsheim hat es schon 1648 bekanntgemacht, und der Engländer Dr. Richard Grey hat es 1730 abgewandelt. Noch zahlreiche Gedächtniskünstler haben daran herumgebastelt, um es zu verbessern.

Das System der Ersatzkonsonanten besteht kurz darin, die Zahlen 0 bis 9 durch Konsonanten (Mitlaute) zu ersetzen. Vokale (Selbstlaute) – a, e, i, o, u –, Umlaute – ä, ö, ü –, Zwielaute – ei, au, eu – werden nur als »Füllsel« benutzt, das heißt zur Klangfüllung der Ersatzworte bzw. Schlüsselworte. Zahlenwert besitzen sie keinen.

Bedeutung für den Code haben, wie gesagt, lediglich Konsonanten.

Den Ziffern 0 bis 9 werden folgende Konsonanten zugeordnet:

0 = z, s, ß, c
Merkhilfe: 0 heißt auf französisch oder arabisch und beim Roulett Zero. Die Null wird also ersetzt durch den Anfangsbuchstaben von Zero (z), ebenfalls durch ein stimmhaftes s und ein weiches c, die ähnlich klingen wie z.

1 = t, d
Merkhilfe: die Buchstaben t und d haben wie die 1 einen senkrechten Strich, eine Linie von oben nach unten.

2 = n
Merkhilfe: das n hat 2 senkrechte Striche.

3 = m
Merkhilfe: das kleine m hat 3 senkrechte Striche.

4 = r
Merkhilfe: der letzte Buchstabe des Wortes »vier« ist ein r.

5 = l
Merkhilfe: Der Großbuchstabe L ist die römische Ziffer für 50.

6 = ch, sch, x
Merkhilfe: Im Klangbild der 6 steckt ch bzw. x, und im sch ist das ch enthalten.

7 = k, (hartes) c, ck, g

8 = f, ph, v, w
Merkhilfe: f enthält in der Handschrift zwei Schleifen wie die 8;
ph, v und w haben einen ähnlichen Klang wie f, und v bezeichnet
man als das Vogel-Ef.

9 = b, p
Merkhilfe: Das große P ist ein Spiegelbild der 9, und b ist eben
das »weiche p«.
Die unumgängliche Vorarbeit für die Nutzung des besten aller
Memoriersysteme ist es also, sich den Code einzuverleiben. Wir
müssen ihn im Schlaf beherrschen.

Zahlencode der Ersatzkonsonanten auf einen Blick

0 = z, s, ß, (weiches) c	5 = l
1 = t, d	6 = ch, sch, x
2 = n	7 = k, (hartes) c, ck, g
3 = m	8 = f, ph, v, w
4 = r	9 = b, p

Nur die angegebenen Konsonanten repräsentieren also Zahlen,
die restlichen Konsonanten können ebenso wie die Vokale, Umlaute und Zwielaute beliebig als Bindeglieder verwendet werden,
um sinnvolle Worte zu bilden.
Wir erinnern uns: Worte haben nach Bildern den höchsten Merk-
wert.
Beispiele für Merkworte, die die Zahlen 0 bis 20 darstellen:
   0 = Zehe, Sau, Aas, CIA, Eis, Esau, Isa, Jus, Oase, Aß, Soja,
       See, Zoo, Zoe, Ciao (tschau), Hose, Hase, Öse, USA, Haß
       Haus, zäh, es, sie, so.
   1 = Tee, Auto, Ade, Adieu, Udo, Hut, Heide, Aida, Eid, Etui,
       Ute, Jute, Tau, Thai, Ida, Jade, Jod, Jota, Ata, Deo (Kurz-

wort für Deodorant), Dia (Kurzwort für Diapositiv), Juda,
Jude, Thea, Theo, Thaya, Thuja (Thuie), Du, da.

2 = Noah, Heino, UNO, UN, Ahn(e), Nu (kurze Zeitspanne),
Huhn, Hahn, Ion, Jahn, Jen (japanische Münzeinheit),
Jena, nie, ein, neu, in.

3 = Oma, Oheim, Ohm, Heim, Emu (Straußenart), Ma, Maja
(griechische Göttin), Maya (Indianervolk), Mühe, Mai,
Miau, Muh.

4 = Ria, Reh, Ähre, Ära, Uri (schweizerischer Kanton), Ire,
Jahr, Reihe, Reue, Jura, Ohr, Arie, Aura, Uhr, Ur (Auer-
ochs), Rio, Ruhe, Ara, euer, er, roh.

5 = Ali, Laie, Aal, Eile, Eule, Aloe, Aula, Lea, Leo, Lee (See-
mannssprache: die dem Wind abgekehrte Seite), Höhle,
Lohe, Leu, Juli, Öl, Uli, Lu, lau.

6 = Schuh, Scheu, Echo, Eiche, Schau, Schi, Che (Vorname),
Schah, Ajax, Asche, Esche, Jauche, Joch, Jux, schau (!),
ach, ich.

7 = Ecke, Gau, Hugo, AEG, Öko, Ego, Auge, Kai, Goa,
Geo(graphie), EG, Hacke, Jack, Jak (Wildrind), Joga, Jogi,
Koje, Kuh, okey, k.o. (knockout), geh(!).

8 = Jahve, Jehova, Ave, Ava, Vieh, Fee, Weihe, Eva, Java, UV,
Uwe, Efeu, Wehe (Anhäufung von Schnee oder Sand), via,
wie, wo, auweh (!).

9 = Boy, Po, Poe (Schriftsteller), Eibe, Abo, Oboe, Pa, Opa,
Pia, Bai (Bucht), Bau, Beau (schöner Mann), Bahai (An-
hänger der Religion des Bahaismus), Bio, Boa (Riesen-
schlange), Bö/Böe (Windstoß), Boje (verankerter
Schwimmkörper), ab, buh (!), puh (!).

10 = Judas, Dose, Ethos, Jiu-Jitsu.

11 = Idiot, Jutta, Otto, Toto, Tod, Tat, Tito, Diät, Etüde.

12 = Eden, Athen, Athene, Ätna, Eton (englische Schulstadt),
Ton, Jüdin.

13 = Dame, Dom, Adam, Atem, Atom, Edam, Tom, Tim,
Odem, Ödem (Geschwulst), Team.

14 = Teer, Tür, Tor, Adria, Ader, Oder, Eiter, Euter, Troja,

Truhe, A-Dur, Äther, Dur, Drau, Autor, teuer, drei, treu, dir.

15 = Adel, Adele, Hotel, Autoöl, Idol, Jodel, Tal, ideal, edel, eitel, Odol.

16 = Taxi, Etsch, Tasche, Tisch, ätsch (!), autsch (!).

17 = Tag, ADAC, Toga, Ethik, Ithaka.

18 = Tiefe, doof.

19 = Dieb, Tip, Taube, Tuba, Utopia, Utopie.

20 = Nuß, Nase, Äneas (Sagenheld), Anis, Anus, Unze, Enzio (männlicher Vorname).

Tragen sie in nachfolgender Tabelle jeweils jenes Kennwort ein, dem Sie persönlich den Vorzug geben, weil sie es für besonders einprägsam halten:

Mein persönliches Kennwort für:			
0 =	. . . .	11 =	. . . .
1 =	. . . .	12 =	. . . .
2 =	. . . .	13 =	. . . .
3 =	. . . .	14 =	. . . .
4 =	. . . .	15 =	. . . .
5 =	. . . .	16 =	. . . .
6 =	. . . .	17 =	. . . .
7 =	. . . .	18 =	. . . .
8 =	. . . .	19 =	. . . .
9 =	. . . .	20 =	. . . .
10 =	. . . .		

Wer seine Lieblingskennworte für jede Ziffer von 1 bis 10 oder besser von 1 bis 20 auswendig lernt, dem versprechen die Memorierakrobaten ein »narrensicheres Zahlengedächtnis« (Lorayne). Er kann auf der Grundlage der Verknüpfungstechnik spielend alle Vorgänge und Informationen speichern, die mit Zahlen und Nummern zusammenhängen. Gedächtnisspezialisten haben sich ihr Kennwort für jede Zahl bis 100 und darüber hinaus zu eigen gemacht.

Leicht lassen sich Merkworte für jede beliebige zweistellige oder
dreistellige Zahl finden. Die Zahl 34 z. B. vertreten die Worte:
Mauer, Meer, Eimer, Emir, Amur (Fluß), Amor, Mohr, Möhre,
Mahr, Maar, Meier (Gutspächter). Oder 421: Rind, Ernte,
Rente, Rinde, Rand, Renate, Rondo, rund.

Bei vielstelligen Zahlen empfiehlt es sich – um die Wortbildung
nicht zu erschweren – mehrere Schlüsselworte mit jeweils 3 Konsonanten zu bilden, und die Schlüsselworte mittels der Verknüpfungstechnik zu einer einprägsamen Szene zu verketten.

So ist es keine Hexerei, sich beispielsweise die 27stellige Zahl
982617675356735549511951479 zu merken. Wir bilden daraus
9 bildhafte Schlüsselworte mit je 3 Konsonanten, Pavian (982),
Judoka (617), Schakal (675), Milch (356), Kamel (735), Lorbeer
(549), Laudatio (511), Blatt (951), Rugby (479).

Dazu malen wir uns eine lebhafte Geschichte aus. Zum Beispiel:
Ein *Pavian* gebärdet sich als *Judoka*. Sein Gegner ist ein *Schakal,*
der zur Stärkung *Milch* trinkt, so daß er schließlich Sieger bleibt
und vom *Kamel,* das Schiedsrichter ist, den *Lorbeer* erhält. Bei
der *Laudatio* fällt ein *Blatt* (des Lorbeers) zu Boden, worauf die
drei Tiere darum kämpfen wie beim *Rugby*.

Das ist der ganze Kniff. Wir müssen uns die Szene freilich ein-
dringlich vorstellen und als Film auf die Innenseite unserer Augenlider projizieren.

Ob es sich um Telefonnummern mit Vorwahl, um Kfz-Kennzei-
chen, Maße, Formeln, Zeitpläne, Termine, Paragraphen oder hi-
storische Daten handelt, Sie werden dank des Hilfsmittels »Ersatzkonsonanten« mit einem fabelhaften varietéreifen Zahlengedächtnis aufwarten können. Sie müssen nicht mehr kapitulieren,
selbst wenn Sie sich ein Zahlenungeheuer mit einer schier endlo-
sen Ziffernfolge – Statistiken z. B. – einprägen sollen.

Natürlich ist das Ersatzkonsonantensystem in Verbindung mit
der Verknüpfungsmethode nicht nur für Zahlen, sondern allseitig einsetzbar, denn es kann mit Personen, Ereignissen, Ideen,
Verabredungen, Gesprächen, Sitzungen, Vortragstexten, Ein-
käufen und Informationen verquickt werden.

Angenommen, Sie sind Sekretär(in) und sollen morgen ein
10-Punkte-Programm abspulen:
Für die Ordnung der 10 Punkte, also die richtige Reihenfolge,
verwenden Sie die Zahlenbilder (2. Kapitel) und für die übrigen
Zahlen die Ersatzkonsonanten.
1. Programmpunkt: Gleich Herrn Schneider anrufen,
Tel. 66 61 61, und ihm mitteilen, daß die Sitzung auf den 18., 3
Uhr nachmittags, verschoben wird. Falls Sie als Zahlenbild für
die 1 die Kerze gewählt haben, müssen Sie also die Handlung, die
Sie sich ausdenken, mit einer Kerze beginnen.
Die Kerze ist also der erste Begriff, der mit den anderen Begriffen
in einer merk-würdigen Szene zu verketten ist. Die Telefonnum-
mer zerlegen wir der Einfachheit halber in 2 dreistellige Zahlen
(666-161), die wir gemäß dem Ersatzkonsonanten-Code in die
Worte Cha-Cha-Cha (= 666) und Docht (= 161) kleiden. Das
Datum – 18. – können wir nach derselben Methode mit »doof«
übersetzen und die Uhrzeit – 3 – mit »Miau«.
Wir haben demnach folgende 8 Begriffe zu verketten: Kerze, Telefon, Cha-Cha-Cha, Docht, Schneider, Sitzungsverschiebung,
doof und Miau.
Also lassen wir unserer Phantasie freien Lauf:
Die *Kerze* (sonst liegt sie reglos im untersten Schreibtischfach)
führt einen wilden Tanz auf dem *Telefon* auf, von Taste zu Taste
hüpfend. Sie tanzt einen *Cha-Cha-Cha*, und der *Docht* wiegt und
biegt sich im Rhythmus. Sie – die Sekretärin (der Sekretär) – stürzen, um dem Spuk zu entfliehen, ins Nebenzimmer, wo gerade
ein riesengroßer *Konferenztisch*, auf dem ein kleinwinziger
Schneider (Schere um den Hals, Nadel und Zwirn in den Händen) sitzt, auf den Gang verschoben wird. Das Schneiderlein
schaut sehr *doof* drein und ruft entgeistert »*Miau*«.
Wenn Sie sich am Vortag die Szene konzentriert ausmalen und in
Ihrem Gedächtnis verankern, wetten, daß Sie am nächsten Tag,
wenn Sie das Büro betreten, die Bilderkette parat haben und
leicht entschlüsseln und entziffern können.
Und so verfahren Sie Punkt für Punkt.

Frau Ehrgott und Herr Eser

Merkhilfen für das Personengedächtnis

Wenn das Personengedächtnis zu wünschen übrig läßt, wissen Mnemotechniker Rat, wie Namen und Gesichter »unvergeßlich« bleiben. Erster Schritt – natürlich: den Namen in ein Bild umformen.

Namensbild
Kinderleicht ist die Verbildlichung des Namens, wenn die Personen Berufs- oder Tiernamen haben, wie z. B. Schuster, Jäger, Koch, Geiger, Färber, oder Vogel, Hirsch, Falter, Pelikan, Hengst . . .
Wenn die Person, die wir uns einprägen wollen oder sollen, Christ, Einstein, Hagen, Salomon oder Schiller heißt, lassen wir sie in unserer Phantasie jene Persönlichkeit der Religion, der Wissenschaft, der Sage, der Geschichte, der Kultur usw. verkörpern.
Sofern der Name der zu merkenden Person überhaupt etwas bedeutet oder aussagt, läßt er sich bildhaft vorstellen, ob er nun Abend, Geist, Henkel, Ende oder Baldrian lautet.
Herr Baldrian ist einschläfernd langweilig, kein Wunder bei dem Namen. Oder er ist ein quecksilbriger Muntermacher, trotz seines Namens. So oder so, wir müssen den Namen mit dem Charakter assoziieren.
Schließlich gibt es zusammengesetzte Namen, die in konkrete Begriffe zerlegt werden können, so daß es möglich ist, sie zu be-

bildern. Zum Beispiel: Kaminski, Baldreich, Ehrgott oder Degenfeld.

Der Name Kaminski läßt sich darstellen als ein aus dem Kamin ragender Ski.

Herrn Baldreich führen wir uns vor Augen als heruntergekommenes, abgerissenes Subjekt, das ständig davon faselt, bald reich zu werden.

Die Trägerin des Namens Ehrgott gleicht einem fleischgewordenen Gebet, ständig die Knie gebeugt und die Hände gefaltet.

Degenfeld: Vergegenwärtigen wir uns den Herrn auf dem Feld, wie er das Getreide mäht – mit seinem Degen!

Was tun wir aber, wenn uns ein Name sinnlos erscheint und er sich dagegen sträubt, in ein Bild verkleidet zu werden?

Dann ersetzen wir den Namen durch ein Wort oder Worte mit faßbarer Bedeutung. Die sogenannte Ersatzwortmethode, an die wir mit spielerischer Leichtigkeit und plattem Humor herangehen, erfordert einen Sinn für Unsinn.

Janisch: Erinnert der Name nicht an »Ja nicht?« Frau Janisch ist die Vorsicht in Person, dauernd warnt sie »Ja nisch!« – Ja nicht!

Der persische Arzt um die Ecke heißt Farhat: Das merken wir uns leicht, denn er ist ein Gesundheitsfanatiker und fährt in der Freizeit dauernd »Fahrrad«.

Hasleder: Fräulein Hasleder trägt gern Leder, aber kein gewöhnliches, nein exquisites Hasenleder.

Komoli: Der Mann, der diesen Namen trägt, ähnelt sogar dem Filmkomiker Oliver Hardy. Also, spielen Sie Stan Laurel und rufen Ihren Partner: »Komm, Oli!«

Mitschek: Ich kann mir Herrn Mitschek nicht mehr anders vorstellen als »mit Scheck«. Das Scheckheft ist sein Markenzeichen.

Henneis: das ist die Person mit einem Korb voll Hühnereiern, »Henneis« in miserablem Deutsch.

Adampakan: Wir stellen uns Eva nach der Vertreibung aus dem Paradies vor, wie sie dem herumlungernden Adam zuruft: »Adam, pack an!

Abicht: Erinnert an Habicht.

Postel: Ihn stellen wir uns im Kreis von 11 anderen Menschen vor, das ergibt zusammen die 12 Apostel.

Jano: Eine Person namens Jano muß sehr unentschlossen sein, sie sagt abwechselnd »ja« und »no«.

Grimas: Den oder die stellen wir uns grimassenschneidend vor.

Eschig: Ein Mann mit saurer Miene, als hätte er Essig getrunken.

Eser: Das muß ein schwacher Esser sein, der nur mit einem »s« geschrieben wird.

Erdemir: Wir stellen uns den Herrn dieses Namens als Emir gekleidet vor, als arabischen Fürsten. Doch er hält zum Zeichen seiner globalen Herrschaft eine Weltkugel in der Hand. Denn er ist der Erd-Emir.

Gewiß fallen Ihnen noch gescheitere, und das sind in diesem Fall dümmere, Ersatzworte ein. Je blödsinniger das Ersatzwort ist, um so wirksamer ist es.

Das also ist der erste Schritt bei der Namensspeicherung: Den Namen in ein Bild übersetzen und das Namensbild mit der Person in bewußte Beziehung bringen.

Merk-Male

Der zweite Schritt, das Personengedächtnis zu aktivieren, besteht darin, eine Brücke zu schlagen zwischen Namen und Gesicht.

Das Gesicht ist die Visitenkarte des Menschen. Jedes Gesicht hat hervorstechende, seltsame oder einzigartige Merkmale. Wir registrieren die ins Auge springenden Besonderheiten des Kopfs und besonders des Gesichts. Mögliche Kennzeichen:

Augen: eng zusammenstehend, weit auseinanderliegend, vorspringend, tiefliegend, mandelförmig, glasig, grün . . .

Augenbrauen: schütter, buschig, stoßen an der Nasenwurzel zusammen.

Nase: dick, spitz, stumpf, gestupst, fleischig, platt . . . Mit haarigen, weiten oder engen Löchern?

Mund: schmal, voll, spitz . . . Sind die Mundwinkel nach oben gerichtet oder hängend?

Ohren: rund, länglich, anliegend, abstehend, fleischig, haarig . . .
Mit angewachsenen oder freien Ohrläppchen?
Haare: dick, fein, wellig, kraus, struppig, wuschelig, dicht, spärlich, rot, schlohweiß . . .
Stirn: niedrig, hoch, gerade, vorgewölbt, fliehend . . .
Kinn: spitz, eckig, rund, doppelt, gespalten, vorspringend, fliehend, brutal . . .
Bart: Schnurrbart, Vollbart, Spitzbart, Koteletten, gezwirbelter Kaiserbart . . .
Haut: dunkel, hell, fettig, trocken, fleckig, runzelig, teigig . . .
Mit Sommersprossen, Narben, Muttermal, Pickel, Warzen?
Wir dürfen – wie ein Karikaturist – die besonderen Kennzeichen gewaltig übertreiben. Wir stellen uns die auffallenden Elemente sehr plastisch vor und benutzen sie als »Aufhänger« für den Namen. Das heißt: Wir assoziieren sie imaginativ mit dem Namen bzw. dem abgewandelten Namen (Ersatzwort).

Beispiele:

Herr Geiger hat so lange Schnurrbarthaare, daß sie als Saiten für sein Instrument dienen könnten.
Herr Schäfer sollte sich endlich für seine Glatze ein Toupet aus der Wolle seiner Schäflein anfertigen lassen.
Frau Durst – sie hat so großen Wasserbedarf, daß ihre Haut schon ganz ausgetrocknet ist.
Frau Adler hätte eine Adlernase verdient, ihre Himmelfahrtsnase spricht ihrem Namen Hohn.
Herr Gamsjäger trägt seinen Gamsbart am Kinn.
Frau Braun hat ihre Augenfarbe auf den Namen abgestimmt: sie »trägt« rehbraune Augen.
Frau Dr. Voll macht mit ihrem rundlichen Gesicht ihrem Namen alle Ehre.
Dem jungen Mann ist der Name Spöttl ins Gesicht geschrieben: sein Mund ist einseitig verzogen. In der Tat ist er überheblich und legt ein verächtliches Verhalten an den Tag.

Was im Gesicht von Frau Spitaler auf ihren Namen hindeutet, sind die blauen Lippen und die blauroten Äderchen auf den Nasenflügeln, Indizien für Herzschwäche.

Fräulein Kneifel hat ein Gesicht, das geprägt ist von kleinen zusammengekniffenen Augen.

Das plastische, originelle, ausgefallene Phantasiebild der Verknüpfung von Name und Gesicht projizieren wir wie gewohnt auf unsere innere Leinwand.

Das sind die beiden Schritte zur Perfektionierung unseres Personengedächtnisses.

Alle Memoriertechnik steht auf zwei Beinen: Imagination und Assoziation. Sie ist folglich nicht nur dem Gedächtnis förderlich, sondern darüber hinaus anderen geistigen Fähigkeiten und Fertigkeiten, namentlich der Phantasie und der Kreativität.

Wie Löschpapier das Wasser

Günstige Lernbedingungen

»Lärm sackt tief ins Gehirn, das saugt ihn auf wie Löschpapier das Wasser. Zum Schluß ist man ganz durchtränkt mit Lärm, niedergeknüppelt und unfähig zu denken«, sagt Kurt Tucholsky. Beginnen wir also unser Kapitel über das gesunde Lernklima und das Drumherum der Kopfarbeit gleich mit der Störquelle Lärm.

Ruhe

»Häufige Telefonate und unerwartete Besuche steigern die Pulsfrequenz bei Geistesarbeit um 15 bis 20 Schläge pro Minute«, betont der Pädagoge Ernst Ott, sich auf Studien von Professor Gerhard Preuschen (Max-Planck-Institut, Bad Kreuznach) berufend. »Mit besonders wichtigen Arbeiten soll man sich deshalb in ein Anti-Störkabinett zurückziehen.« So man eines hat.
Telefonläuten, Straßenlärm, laute Musik, Gespräche und andere akustische Reize stören kompliziertes logisches und analytisches Denken und Konzentration.
Bei kreativer geistiger Tätigkeit kann indes leise, ruhige Musik lockern und anregen. Es gibt Autoren, die brauchen für ihre schriftstellerische Arbeit die entspannende Geräuschkulisse eines Kaffeehauses mit dem Gemurmel der Gäste.
Schädlicher erregender Lärm ist bei geistiger Tätigkeit aber zu unterbinden. Wenn das nicht in Ihrer Macht steht, nehmen Sie Zuflucht zu Ruhespender Ohropax.

Optische Reize

Wie die akustischen Reize sind die optischen Reize nach Möglichkeit auszuschalten. Sie zersplittern unsere Aufmerksamkeit. Unruhige Fotos oder Gemälde an der Wand oder laufender Fernseher lenken ebenso ab wie der Blick aus dem Fenster auf das turbulente Straßengeschehen der brodelnden City.

Licht

Die optimale Beleuchtung bietet das Tageslicht. Wenn das natürliche Licht aber unzureichend ist, brauchen wir eine Glühlampe, die einer Leuchtstoffröhre vorzuziehen ist.
Das Licht muß so einfallen, daß die Schreibhand keinen Schatten auf den Lerngegenstand wirft, für Rechtshänder also von links, am besten von links hinten über die Schulter. Ungünstig ist, wenn das Licht von vorne oder von oben auf die Arbeitsfläche fällt und blendet. Die Tischoberfläche darf auf keinen Fall das Licht reflektieren. Der Lichtkegel soll nur den Lerngegenstand ausleuchten und das Umfeld im Halbdunkel belassen.
Nach M. D. Corbett (»Augentraining«) wird die Leistungsfähigkeit durch überanstrengte Augen um 90 % herabgesetzt.

Luft

Sauerstoffverbraucher Nummer 1 unter allen Organen ist das Gehirn. Sorgen wir also für frische sauerstoffreiche Luft im Arbeitszimmer, um so mehr, als der Sauerstoffverbrauch des Gehirns bei angestrengter geistiger Arbeit – im Vergleich zu sonstiger Tätigkeit – noch um 15 % steigt.
Die geistige Fitneß ist also nicht zuletzt von der gründlichen Durchlüftung des Arbeitsraumes abhängig. Das sauerstoffbedürftige Gehirn muß auf seine Rechnung kommen!

Temperatur

Weder frierend noch schwitzend werden wir unsere geistigen Fähigkeiten und Fertigkeiten entfalten können. Die ideale Raumtemperatur für geistige Leistungsfähigkeit ist nach den Erkenntnissen der Bioklimatik für 85 % der Menschen: 20° bis 21° Celsius, von 7 bis 9 Uhr morgens 20,5° bis 21,5°. Bei Temperaturen über 22° sinkt die mentale Leistungsfähigkeit (bei 25° sogar um 20 %). Überheizte Büros lähmen besonders die Konzentrationskraft.

Essen

Geistiger Arbeit abträglich sind sowohl ein voller Bauch als auch ein knurrender Magen. Schon die alten Römer wußten: »Ein voller Bauch studiert nicht gern.« Die Hirnleistung ist halbiert, wenn das Blut vom Kopf in den Bauch beordert wird, um das Verdauungswerk zu vollbringen.

Bequemlichkeit

Wir sitzen bequem, aber nicht zu weich. Sitzhöhe und Tischhöhe müssen aufeinander abgestimmt sein. Ein adjustierbarer Stuhl erlaubt die Anpassung an die jeweilige Körpergröße und Beinlänge. Die Oberschenkel müssen nämlich auf der Sitzfläche aufliegen und mit den Unterschenkeln einen rechten Winkel bilden, wobei die Füße flach auf dem Boden stehen. Das beugt der Ermüdung vor, ebenso wie die aufrechte Wirbelsäule. Besonders um die Halswirbelsäule nicht zu belasten, empfehlen sich eine schräge Arbeitsplatte und eine Buchstütze.
Die von Meditationssitzen inspirierten Gesundheitsstühle begünstigen eine wirbelsäulengerechte Haltung.
Der Bequemlichkeit dient zudem eine lockere Kleidung.

Bewegung

Die beim Sitzen eingeschränkte Atmung, die eine Drosselung der für die geistige Arbeit unumgänglichen reichlichen Sauerstoffzufuhr bewirkt, ist gelegentlich durch Bewegung zu aktivieren.
Daß körperliche Bewegung den Geist anregt, ist altbekannt und von Komponisten, Dichtern und Denkern weidlich genutzt.
Paul Lafargue erzählte über seinen Schwiegervater Karl Marx: »Man kann behaupten, daß er in seinem Kabinett gehend arbeitete; er setzte sich in kurzen Zwischenräumen nieder, um das, was er während des Gehens ausdachte, niederzuschreiben . . . Von der Tür bis zum Fenster zeigte sich auf dem Teppich ein total abgenutzter Streifen, der so scharf begrenzt war wie ein Fußpfad auf einer Wiese.«

Ordnung

Räumliche Ordnung
Es soll beileibe nicht der Penibilität und der Pedanterie das Wort geredet werden, der Ordnung als Selbstzweck, sondern der Übersichtlichkeit. Großzügigen Menschen mit bohemienhaftem Lebensstil gebührt in unserer abgezirkelten Welt volles Verständnis. Sie haben eine andere, zu respektierende Vorstellung von Sauberkeit und Ordnung als die »rechtwinkeligen« Menschen. Ihre schöpferischen Hochleistungen sind nicht von einem »aufgeräumten« Arbeitsplatz abhängig.
Bei geregelter, systematischer, denkerischer Arbeit ist aber anderseits Übersichtlichkeit geboten, um nicht alle Augenblicke den Gedankenfluß abzulenken oder zu unterbrechen.
Die geistige Leistung verdoppelt sich, »wenn die Dinge dort aufbewahrt werden, wohin sie gehören«, behaupten Experten. Es lohnt sich, die notwendigen Utensilien, Instrumente, Unterlagen – Brieföffner, Radiergummi, Klammermaschine, Briefmappe, Akten, Karteien, Schreibmaschinenpapier, Buntstifte, Handbü-

cher, Tonbandgerät usw. – griffbereit zu haben. Wir müssen sie in Reichweite plazieren.

Der Klarheit dienlich sind Karteikästen mit Reitern an den Leitkarten oder Karteikarten mit unterschiedlichen Faben, die bestimmten Sachbereichen, Stoffen bzw. Vorgängen zugeordnet sind. Sie helfen, Informationen schnell zu speichern oder aufzufinden. Ebenso nützlich als Ordnungsmittel sind farbige Mappen oder Behälter. Karten und Zettel können an eine Pinnwand oder eine Magnettafel geheftet bzw. gehängt werden. Gewußt wo! Bessere Organisation der Lernumwelt kann viele unnötige Handgriffe ersparen und die geistige Leistungsfähigkeit steigern.

Zeitliche Ordnung

Termindruck vermindert – von ganz seltenen Ausnahmen abgesehen – die Qualität und die Quantität geistiger Arbeit. Die Zeiteinteilung ist demnach ein Grundstein des optimalen Erfolges. Sie setzt eine kurzfristige und eine langfristige Planung voraus. Festzulegen sind die Prioritäten sowie die Gliederung und Reihenfolge der Arbeiten. Eine bestimmte Zeit ist für Korrespondenz zu reservieren. Wichtige und langwierige Arbeiten sind so bald als möglich in Angriff zu nehmen. Dringendes nicht auf die lange Bank schieben. Zeitliche Ordnung erfordert Pünktlichkeit, die aber nur einzuhalten ist, wenn gleichzeitig ein Spielraum für unvorhergesehene Dinge und Ereignisse eingeplant wird. Halsen Sie sich nichts auf, was Sie nicht bewältigen können! Führen Sie eine angefangene Sache zu Ende! Bei der zeitlichen Organisation der Arbeit ist schließlich zu berücksichtigen, wann Sie Ihr Leistungshoch oder -tief haben. Lernen Sie Ihre munteren und produktiven sowie Ihre schläfrigen und unproduktiven Zeiten kennen, und nutzen Sie Ihre Hochleistungsphasen.

Im allgemeinen erreicht die Lern- und Gedächtnisleistung Höhepunkte von 9 bis 12 Uhr und in den frühen Abendstunden. Ein Leistungsknick tritt nach dem Mittagessen ein. Übrigens: 20 % der Mitteleuropäer neigen zum Morgenmenschen, 30 % zum Abendmenschen und 50 % haben keine ausgeprägte Disposition.

Machen Sie Sisyphus keine Konkurrenz

Grundregeln des Lernens

Die Kunst des Vergessens

Wer in »Wetten, daß . . .« auftreten will, mag das Kursbuch oder das Telefonbuch auswendig lernen – oder die bei den Olympischen Spielen aufgestellten Rekorde. Uns geht es aber darum, die Lern- und Merkfähigkeit für lebensnotwendige, bedeutsame, unserer Zielsetzung dienende, laufend benötigte Wissensinhalte zu schulen.

Unser Gehirn ist kein Dachboden zur Speicherung allerlei unnützen Zeugs. Wer überflüssigen Merkballast mit sich herumschleppt und den Kopf voll hat mit bedeutungslosem Kram, ist aufgerufen zur Entrümpelung. Denn alle Kunst der Speicherung beginnt mit der Kunst der Lösung.

Zwar ist das Fassungsvermögen unseres Gedächtnisses gewissermaßen unbegrenzt, aber unser »unmittelbares«, »präsentes«, »waches« Bewußtsein ist überfordert, wenn es mit Nichtigkeiten vollgestopft ist.

Grundregel 1 des Lernens lautet also: Ausfiltern, die Spreu vom Weizen trennen, Merkensunwertes abstoßen (durch Nichtbeachtung!).

Lerntypen

Wenn Sie nicht Sisyphus Konkurrenz machen und vergebliche Arbeit leisten wollen, ist es unumgänglich, in sich zu gehen, um Ihren Lerntypus zu finden.

Was nimmt ein Urlauber am Strand wahr? fragt das Fachmagazin »Connection Special« (»Geist, Gehirn, Gedankenwelten«), um die Wahrnehmungstypen zu charakterisieren, und hält fest:

Der visuelle Typ sieht den blauen Himmel und die hübschen Badenixen.

Der auditive Typ hört das Rauschen des Windes und das Plätschern der Wellen.

Und der kinästhetische Typ genießt das bequeme Liegen im Sand und spürt die warmen Sonnenstrahlen.

Die Lernpsychologen haben 6 Lerntypen entdeckt:

Optisch-visueller Typ (Sehtyp)

80% der Menschen sind Sehtypen. Sie sind beim Lernen und Merken darauf angewiesen, sich ein Bild zu machen. Sie brauchen »Anschaulichkeit«, »Übersicht« und »Durchblick«. Sie lechzen nach Bildmaterial: nach Schaubildern, Fotos, Filmen, Illustrationen . . .

Die bildhafte Verankerung ist die urtümlichste, in der Menschheitsgeschichte wie in der persönlichen Entwicklung.

Wenn Sie ein Sehtyp sind, müssen Sie Ihre Lernpraxis auf Beobachtung und Experimente aufbauen.

Akustisch-auditiver Typ (Hörtyp)

Der Hörtyp ist in der Minderheit. Was er nicht gehört hat, merkt er sich nur schwer. Wenn Sie ein Hörtyp sind, lesen Sie sich den Lernstoff laut vor und bedienen Sie sich eines Tonbandes.

Motorisch-kinästhetischer Typ (Bewegungstyp)

Er lernt am besten, wenn er den Stoff niederschreibt. Beim Lesen unterstreicht er Kerngedanken mit Farbstift. Er liebt es, in Skripten und Büchern Anmerkungen zu machen. Er hebt Interessantes durch Linien am Rand hervor. Er bringt Fragezeichen und Ausrufzeichen an.

Haptischer Typ (Fühltyp)
Er ist der Lerntyp, der sich durch eigenes Handeln, Greifen und Anfassen sowie praktische Anwendung des Wissensstoffes bemächtigt.

Gesprächstyp
Er ist unfähig, als Einzelgänger im stillen Kämmerlein zu lernen. Er lernt und versteht in der Diskussion, im Meinungsaustausch mit anderen. Er liebt die Teamarbeit – und den Wettbewerb.

Verbaler Typ
Der verbale Typ stützt sich auf Begriffe und Formeln. Er denkt abstrakt.
Der verbal-abstrakte Lerntyp kommt auf unserem Planeten nur sehr spärlich vor. Um so kurioser ist es, daß unser ganzes klassisches Schulsystem auf ihn zugeschnitten ist.
Kurzum: Sprechen Sie Ihren Lerntyp an, wenn Sie die Informationen aufbereiten, sonst ist alle Lernmühe umsonst.

Mehrfach-Verankerung
Sehtyp, Hörtyp, Bewegungstyp, Fühltyp, Gesprächstyp oder verbaler Typ – jeder hat also seine Eigenart, sich Wissen anzueignen. Dennoch: Niemand sollte sich ausschließlich auf seine Domäne beschränken. »Mehrkanaliges Lernen« bzw. »Vielfachverankerung«, wie die Lernpädagogen sagen, verdoppelt oder verdreifacht die Merkfähigkeit.

Die Lernschritte

Überschau
Wir überfliegen einmal den Lernstoff, um aus der Vogelperspektive Sinn, Leitgedanken und Zusammenhänge zu erfassen, sozusagen das »Skelett des Ganzen«, wie es ein Lernpädagoge ausgedrückt hat. Wer gleich die Details in den Kopf hineinpreßt, verliert den Faden und verirrt sich im Labyrinth der Einzelheiten und Bruchstücke. Die Lernpädagogen sprechen vom *Ganzlernverfahren*, das dem *Teillernverfahren* überlegen ist.

Gliederung in Lerneinheiten
Selbst nach dem Ganzlernverfahren ist es aber bei umfangreichem Lernstoff unvermeidbar, nach dem gewonnenen Überblick die Stoffmenge zu unterteilen und in Lerneinheiten zu gliedern. Die Bündelung der Informationen zu Lerneinheiten erhöht sogar noch den Überblick. Das Lernmaterial sinnvoll zu strukturieren heißt, es in lerngerechte – zeitlich zu bewältigende und in sich geschlossene – Teilstücke zu fächern. Die Teilstücke erarbeiten wir aber ganzheitlich, nicht Satz für Satz oder gar Wort für Wort. Wir prägen sie uns in einem Zug ein.

Verständnis
Wir lernen nichts auswendig, sondern alles »inwendig« (wie ein kluger Lernlehrer sich ausdrückt). Das heißt: Wir sind keine mechanisch nachplappernden Papageien. Wir ochsen und büffeln nicht stur, bis der Schädel brummt. Wir lassen uns von Paukern nichts vorkauen oder eintrichtern. Wir setzen auf das volle Verstehen.
»Je verständlicher ein Vorgang ist, um so einprägsamer ist er für das menschliche Gedächtnis . . .«, umschreibt schon der niederländische Philosoph Baruch Spinoza die Bedeutung des klaren Verstehens für die Merkfähigkeit.

Wesenskern befreien

Wenn wir eine Lerneinheit vor uns haben, die es zu bewältigen
gilt, beginnen wir damit, den Kern der Sache herauszuschälen
und die Kernaussage des Schmucks, des Füllwerks und der Ver-
packung zu entkleiden. Wir schleppen nicht den ganzen Wust
von Nebensächlichkeiten mit und bleiben nicht an Formulierun-
gen der Autoren oder Lehrer hängen. Wir konzentrieren uns voll
und ganz auf den Wesensgehalt, nicht auf Form und Beiwerk.
Wir kürzen die Fülle der Informationen auf knappe Begriffe, Zeichen und Symbole.

Illustration

Nachdem unser Gedächtnis, wie wir wissen, in erster Linie Bilder
speichert – und nicht abstrakte Worte und Begriffe –, müssen wir
als nächstes die »Kürzel« in aus dem Rahmen fallende Bilder umsetzen.
Ein Beispiel: Wie kann man sich den abstrakten Begriff »Marktlücke« vorstellen? Gedächtnistrainer Roland R. Geisselhart
schlägt vor: Stellen Sie sich einen Markt vor, ein Stand neben dem
andern. Nur an einer Stelle ist ein Platz frei: eine Marktlücke.

Wenn wir den Merkstoff nicht in die Bildersprache, die Sprache
des Unbewußten, übersetzen – uns also den Merkstoff nicht plastisch »vor Augen« führen –, macht das Gehirn nicht mit.

Assoziation

Grundlage jedweder Lernmethode ist die Verknüpfung, »Assoziation« in der Fachsprache der Lernpädagogik. Wir müssen also
den bebilderten Schlüsselworten, die wir uns einzuprägen haben,
in unserem Gedächtnis »Aufhänger« zur Verfügung stellen.
Mit anderen Worten: Wir müssen Querverbindungen herstellen
zu den schon vorhandenen Kenntnissen und Gedächtnisinhalten.
Neuzulernendes und Bekanntes müssen verknüpft werden. Das
setzt voraus, daß wir die Beziehungen zu unserem alten Wissens-
bestand aufdecken. Dann können wir die neu aufzunehmende

Information richtig einordnen in das in unserem Gedächtnis bestehende Informationsnetz. Daran kann sie sich festhalten.
Zusammenhanglos und freischwebend können wir keine neuen Inhalte speichern, denn das Gedächtnis ist ein Verknüpfungsprozeß.
Je größer also unser Wissensstand, um so mehr bleibt hängen. Es erfüllt sich – worauf »Kopftrainer« Tony Buzan hinweist – das biblische Schriftwort: Wer hat, dem wird noch gegeben . . .

Pausen
Überwinden Sie Durststrecken nicht! Machen Sie Pause, frühestens nach 20, spätestens nach 40 Minuten. Bei pausenloser geistiger Arbeit sinkt die Erinnerungskurve dramatisch ab. Eine der geistigen Entspannung und muskulären Lockerung dienende Unterbrechung hingegen frischt die Konzentrationskraft auf und integriert das gelernte Wissen. Das Wissen kann sich »setzen«.
In der Erholungszeit, die 3 bis 10 Minuten dauern soll, können wir umhergehen, Gymnastik betreiben, uns auf einer Liege ausstrecken, spielen, gedämpfte Musik hören, uns in autogenem Training entspannen, meditieren, das Zimmer lüften, Atemübungen praktizieren, einen Fruchtsaft trinken – oder eine Zigarette rauchen. Jedenfalls vergessen wir in der Kurzpause die Arbeit.

Wiederholung
»Wiederholung ist die Mutter des Studierens«, wissen die Lateiner seit Römerzeiten, und die auf den bioelektrischen und biochemischen Spuren des Gedächtnisses wandelnden Hirnforscher beweisen es naturwissenschaftlich. Das Vergessen und Erinnern verläuft gesetzmäßig und kann in Lernkurven abgebildet werden.
Nur 5 % (!) der bewußt wahrgenommenen Informationen werden auf Dauer im Langzeitgedächtnis gespeichert, 95 % versikkern – im Durchschnitt. Denn was nicht wiederholt wird, betrachtet das Langzeitgedächtnis als bedeutungslos.
Sobald die Erinnerung abzufallen beginnt, ist eine Wiederholung fällig, die die Erinnerung auf hohem Niveau erhält.

Gestützt auf die Chemie des Gehirns haben die »Turnlehrer des Geistes« folgendes Wiederholungsprogramm erstellt, um die Speicherung der Informationen zu konsolidieren:

1. Wiederholung: 10 Minuten nach der Aufnahme des Lernstoffes.
2. Wiederholung: nach 24 Stunden.
3. Wiederholung: nach 1 Woche.
4. Wiederholung: nach 1 Monat.
5. Wiederholung: nach 6 Monaten.

Das verhindert zuverlässig den Absturz der Erinnerung.

100 oder 1000 wpm?

Flüssiger lesen

Fünf Fliegen auf einen Schlag trifft, wer seine Lesefertigkeit verbessert durch »peripheres Sehen«. Erstens begünstigt er die Informationsaufnahme, zweitens erhöht er seine Konzentrationsfähigkeit, drittens vermehrt er seinen Wortschatz, viertens steigert er seine Ausdrucksfähigkeit und fünftens senkt er seine Augenbelastung um ²/₃.

Die herkömmliche Art zu lesen ist es, getrennt Wort für Wort in den Blick zu nehmen oder gar Buchstaben für Buchstaben, wie wir Älteren das noch in der Schule gelernt haben. Wenn wir obendrein noch stumm mitsprechen – ob mit Lippenbewegung oder nur gedanklich –, ist unsere Lesegeschwindigkeit auf Schneckentempo gedrosselt. Das lähmt unsere Lernfähigkeit, die mit zügigem Lesefluß gekoppelt ist.

Das ruckartige Wort-für-Wort-Lesen erfordert, pro Zeile bis zu 10mal und pro Seite an die 500mal, den Blick innezuhalten und die Augen zu fixieren. Das ist nicht nur anstrengende Schwerstarbeit – zumal für die Augenmuskulatur –, sondern darüber hinaus verlorene Liebesmüh. Die falsche Lesegewohnheit bringt nämlich minderwertige geistige Früchte.

Das von der modernen Lernpsychologie propagierte periphere Sehen kommt mit 3 oder 2 Augenbewegungen pro Zeile aus. Es erfaßt in einem Sehvorgang nicht ein Wort, sondern eine (aus 3 bis 6 Worten bestehende) Wortgruppe: ein Zeilensegment.

Es ist eine Frage der Übung, beim Lesen von den Wörtern loszukommen. In 3 Monaten ist es geschafft, meint der Heilpraktiker Kurt Tepperwein, ein Lernexperte.

Ein geübter Leser, der flüssig und rhythmisch liest, braucht pro Seite nur 100mal den Blick zu stoppen und zu starten. Das schont die Augen, wenn Sie statt 500mal nur 100mal zum nächsten Wort bzw. zur nächsten Wortgruppe überspringen müssen.

Richtschnur für Hochgeschwindigkeitsleser: Erreichbar sind Geschwindigkeiten von 500 bis 1000 Worte pro Minute (wpm). Der Wort-für-Wort-Leser kommt kaum an 100 wpm heran.

Schnelles Lesen ist aber nicht hastiges Lesen, ganz und gar nicht. Der schnelle Leser ist konzentrierter. Er versteht – entgegen der landläufigen Meinung – den Sinn viel besser, weil er Bedeutungseinheiten erfaßt.

Der Wort-für-Wort-Leser erfaßt nur die Bedeutung jedes Wortes, das er mühsam aus Lauten (Buchstaben) und Silben zusammengesetzt hat. Schließlich muß er den Sinn jedes einzelnen Wortes mit dem Sinn des jeweils folgenden Wortes zusammenfügen, fünfmal, während der schnelle Leser dank des peripheren Sehens auf einmal den ganzen Komplex aufnimmt und begreift. Der schnelle Leser erfaßt also die Bedeutung einer Aussage fünfmal schneller als der langsame Leser. Der Lernstoff insgesamt ist für ihn überschaubarer und daher leichter zu durchdringen.

Die geistigen Leistungen wachsen also mit der Lesegeschwindigkeit.

Schnellesen wirkt sogar beruhigend, denn als fortgesetzte Konzentration ist es gleichsam Meditation.

Nicht mehr mit dem Holzpflug

Neue Lernsysteme

»Wir bestellen den Acker unseres Geistes wie arbeitsame Fella-
chen noch immer mit dem Holzpflug und versuchen derart, uns
auf die Anforderungen des modernen Lebens vorzubereiten«,
sagt Kurt Tepperwein, ein Heilpraktiker und Hypnotherapeut,
der sich mit der Erforschung neuer Lehr- und Lernmethoden be-
faßt, zu den traditionellen Lerntechniken. Das sei sinnlose Quä-
lerei im Schweiße des Angesichts.
Schauen wir uns also um nach neuen Lernstrategien, die gleichzeitig ökonomisch und biologisch sind.

System Superlearning

Ein in den sechziger Jahren unseres Jahrhunderts entwickeltes
Lernsystem ließ in den achtziger Jahren Nordamerika, Westeu-
ropa und den damaligen Ostblock aufhorchen: *Superlearning.* Es
scheint Wunder zu wirken. Es macht Lernen zum Kinderspiel
und bietet unglaubliche Erfolge.
Während sich in gewöhnlichen Sprachschulen die Studenten pro
Tag höchstens 100 neue Wörter einer Fremdsprache aneignen
können und davon auf die Dauer nur einen Bruchteil behalten,
ermöglicht es Superlearning, täglich 500, 1000 und in besonderen
Fällen sogar 3000 Vokabeln zu lernen und nach einem halben
Jahr noch 88 % davon parat zu haben.

»Da lernte eine Gruppe von einfachen Menschen, die meistens noch kein Wort der neuen Sprache kannten, in wenigen Tagen eine Fremdsprache so gut, daß sie sich fließend unterhalten konnten«, notiert als Augenzeuge Kurt Tepperwein.

Universitäten und Schulen sowie Kreise der Wirtschaft und der Industrie stürzten sich auf das neue Lernverfahren, das Studenten und Managern schnell, spielerisch und anhaltend Wissen suggeriert. Der »Nürnberger Trichter«, wie im 17. Jahrhundert scherzhaft ein Lernverfahren genannt wurde, das selbst den Dümmsten Kenntnisse mechanisch eintrichtern sollte – wurde er im ausgehenden 20. Jahrhundert Wirklichkeit als »Sofiaer Trichter«?

Denn Sofia war der Geburtsort des Superlearning, das ursprünglich allerdings *Suggestopädie* hieß. Der Vater der Suggestopädie ist der bulgarische Arzt und Psychiater Dr. Georgi Losanow. Er ging als Lernforscher zunächst lange Jahre bei den Yogis und Weisen des Ostens und bei den Hellsehern und mathematischen Genies des Westens in die Schule, um deren Superhirne zu enträtseln.

Was sind die Elemente eines Übergedächtnisses? fragte er sich, und er vereinigte die wesentlichen Elemente in seinem Losanow-Lernsystem, das unter dem Namen Superlearning die Welt erobert.

Grundlage des Systems ist die *Lernsuggestion*, kombiniert mit

1) *meditativer Entspannung,*
2) *Rhythmus,*
3) *Musik* und
4) *Atemkontrolle.*

Durch Suggestion bzw. autogenes Training stärkt der Schüler den Glauben an seine geistigen Fähigkeiten, speziell an seine Gedächtniskraft, und entwickelt eine positive innere Einstellung zum Lernstoff. Dadurch entgrenzt sich der Schüler: Er befreit sich von den Lernblockaden der Frustration, der Resignation, der Irritation (z. B. durch Einschüchterung oder Erfolgsdruck) usw. Die das Selbstvertrauen stärkende Suggestion geht Hand in

Hand mit vollkommener körperlicher und geistiger Entspannung. Der unbefangene, gelöste und gelassene Schüler macht es sich bequem in hoffnungsvoller Erwartung und Bereitschaft.
Die Vermittlung der Information (z. B. der Vokabel) erfolgt gleichsam in einem »Lernkonzert«. Der Merkstoff wird in rhythmischen Informationsschüben vom Lehrer vorgetragen (der Lautstärke und Betonung ständig verändert, um nicht in einschläfernde Tonart zu verfallen), während gleichzeitig im Hintergrund rhythmische, aber beruhigende Musik erklingt.
Wie geschaffen dafür ist beispielsweise Barockmusik im Largo-Tempo von J. S. Bach (1685–1750), A. Vivaldi (1680–1743), A. Corelli (1653–1713), G. F. Händel (1685–1759) und G. Ph. Telemann (1681–1767). Die beständigen Largo-Tempi mit rund 60 Taktschlägen pro Minute verlangsamen Herzschlag und Atmung und lassen den Blutdruck sinken. Im Gehirn nehmen die Betawellen ab und die Alphawellen zu. (Über die Gehirnwellen: 2. Teil, 4. Kapitel.) Der Alphazustand aber schafft einen ausgesprochen fruchtbaren Boden für die Aneignung, Verarbeitung und Speicherung von Informationen.
Um die Körper-Gehirn-Synchronisation noch zu vertiefen, werden die Schüler nach dem Superlearning-System angeleitet, rhythmisch im Takt zu atmen – mit leichtem Atemanhalten beim Hören des Lernstoffs. Beispiel aus dem Französischkurs:
4 Sekunden wird der Lehrstoff dargeboten: la patrie – das Vaterland – la patrie. Dabei Atem anhalten.
Anschließend 4 Sekunden Pause = 2 Sekunden ausatmen und 2 Sekunden einatmen.
Der Schüler ist einerseits geistig hellwach, andererseits selbstvergessen.
Superlearning-Kassettensprachprogramme sind seit Beginn der achtziger Jahre auf dem deutschen Markt, aber Sie können natürlich selber Kassetten mit Ihrem Lernstoff besprechen und mit entsprechender Musik kombinieren, gemäß dem überzeugenden Superlearning-System, das keinen Schweiß kostet. Wiederholen erspart freilich nicht einmal das mühelose Losanow-Lernen.

System Mind Map

Mind Map heißt soviel wie geistige Landkarte oder Denkkarte und ist eine neue Technik des Notizenmachens, also der Aufzeichnung des Lernstoffs: des Inhalts von Vorträgen, von Diskussionen und Gesprächen, von Seminaren und Meetings, von Büchern und Zeitschriftenartikeln. Ob Sie Texte lesen und bearbeiten, ob Sie einen Vortrag hören und festhalten oder selber ein Referat vorbereiten, ob Sie Einfälle ordnen, einen Artikel konzipieren, sich einen Prüfungsstoff zurechtlegen oder Diskussionsbeiträge registrieren – Mind Map ist für Denken, Merken und Planen die beste Arbeitstechnik, denn sie ist »gehirngerecht«, sprich assoziativ. Das heißt: Sie entspricht der ganzheitlichen und vernetzten Funktionsweise des Gehirns und beteiligt die rechte Gehirnhälfte – im Gegensatz zur herkömmlichen linearen Aufzeichnung und Informationsverarbeitung, bei der die rechte Gehirnhälfte brachliegt, während die linke überlastet ist.

Die übliche Art des Notierens – die lineare – besteht darin, die Worte bzw. Elemente aneinanderzureihen, die jeweils nur mit dem vorigen und nächsten Wort bzw. Element zusammenhängen, so daß das Ganze dem Blick verlorengeht. Wenn nur ein Glied der Kette reißt, drohen Informationsfluß und Erinnerung abzureißen.

Das von dem Engländer Tony Buzan, einem berühmten »Kopftrainer«, propagierte Mind-Map-System nützt das von Natur aus auf Verknüpfung und Strukturbildung angelegte Gehirn/Gedächtnis optimal.

Wie gehen wir vor, wenn wir mit dem Mind-Map-System arbeiten und ein Kartogramm erstellen?

1) Wir setzen in den Mittelpunkt eines leeren unlinierten DIN-A3-Papierbogens – des Arbeitsblattes – die Zentralidee des Themas in Blockschrift. Zur optischen Betonung wird die Idee, um die es geht, noch eingekreist.

2) Das zentrale Thema – die Kernaussage – ist in unserer kartographischen Darstellung gleichsam ein Baumstamm, von dem wir

wie Äste Hauptlinien mit den Hauptgesichtspunkten ausgehen lassen.

3) Von den Oberbegriffen auf die Unterbegriffe übergehend, lassen wir von den Ästen Zweige – Nebenlinien – und Zweigeszweiglein ausgehen, an die wir untergeordnete Gesichtspunkte oder fortführende Gedanken notieren.

4) Die Verzweigung schreitet von innen nach außen fort, vom Großen zum Kleinen bis zu den Details und Nebensächlichkeiten. Das System trägt der Sprunghaftigkeit unserer Gehirnprozesse Rechnung. Das Kartogramm wächst beim Brainstorming (Sammeln der Gedanken) und bei der Gliederung der Gedankenimpulse wie ein Dominospiel.

5) Durch die Herstellung von Querverbindungen lassen sich die Abhängigkeiten verdeutlichen.

6) Die Übersichtlichkeit der geistigen Landkarte kann noch gesteigert werden, wenn wir zusätzlich zu den Schlüsselbegriffen Symbole oder Bilder einbauen, ferner die Rangordnung der Begriffe durch Numerierung oder durch rechteckige Einrahmung der Hauptbegriffe unterstreichen oder Farben einbeziehen.

Kurz und gut: Das alle Fähigkeiten des Gehirns nutzende Mind Map ist der normalen linearen, bloß auf Worte, Zahlen, Ordnung und Folge gestützten linkshirnigen Aufzeichnung klar überlegen:

Das Kartogramm spart Zeit und Platz, zeigt auf einen Blick das Ganze und die Sinnzusammenhänge, unterscheidet Wesentliches und Unwesentliches augenscheinlich (je unwichtiger eine Idee, um so mehr liegt sie am Rande), bietet einen mehrfachen Zugang zur Erinnerung (weil es die Information vernetzt speichert) und läßt sich im nachhinein beliebig ergänzen und erweitern (ohne wegen der Einfügungen und Nachträge das Manuskript mit der Schere zerschnipseln zu müssen). Und nicht zuletzt: Es macht Spaß, den Ideenbaum mit seinen Ästen und Zweigen zu entwerfen.

Wenn Sie beispielsweise das Thema »Geistige Fitneß« anhand des vorliegenden Buches zerpflücken, könnte folgender Ideenbaum heranwachsen:

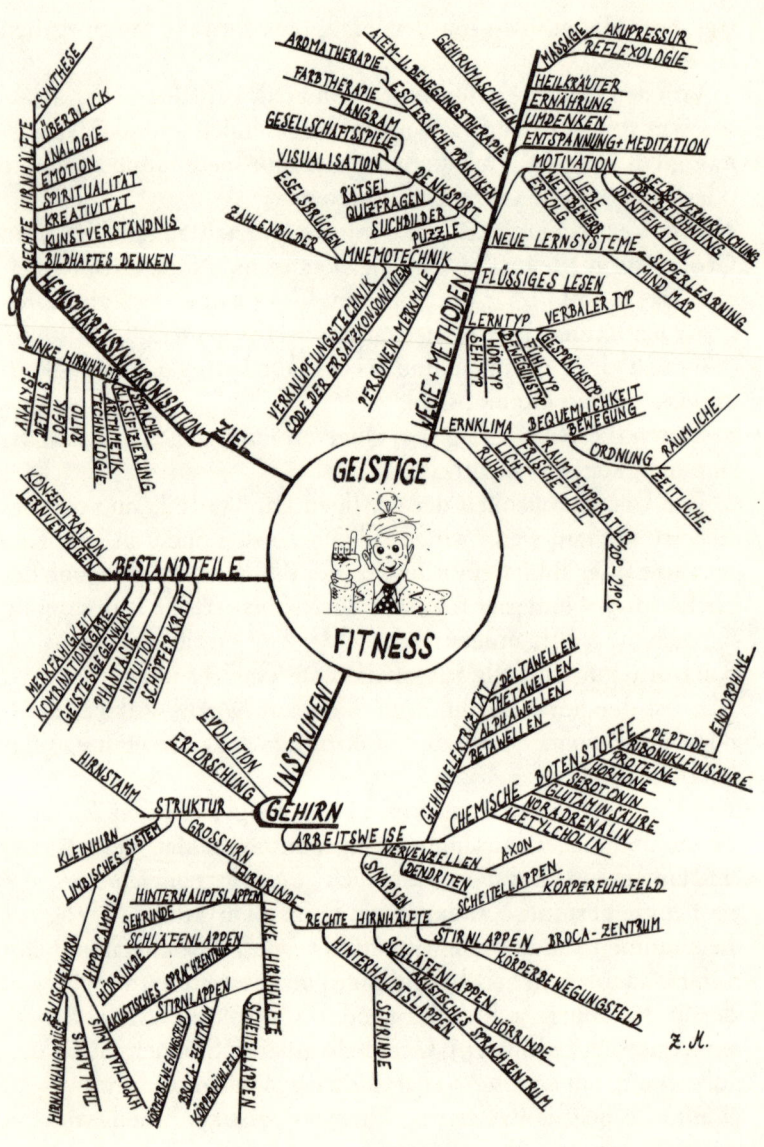

Vogel oder Hase?

Denksport und Gehirngymnastik

Dies ist zwar kein Rate- oder Rätselbuch, ebensowenig ein Spiele-Buch, wohl aber ein Buch, das seine Leser anspornt, regelmäßig Denksport und Gehirngymnastik zu betreiben. Ohne Muskelkater im Kopf werden wir keine geistige Bestform erzielen.
Ein paar einfache Anregungen genügen, um Ihnen im Training der Logik, der Konzentration, des Gedächtnisses, der Phantasie, der Kreativität usw. auf den Wege zu helfen.

● Lesen Sie den Text laut vor:

am21oktober1520standdieflottevoreinertiefinslandeindringen-denmeeresengeimnamendesvatersdessohnesunddesheiligen-geistesriefmagellanvorwärtsmirnachindasunbekanntetau-sendarmigelabyrintheindringendpassiertensiezwischenho-henzackigenfelsenäußerstschmaleengpässegleichsamfla-schenhälsedieüberzeugungwuchsdaßsieeinenmeeresarmge-fundenhattenderdiebeidenozeaneverbandzwischenblau-weißschimmerndengletschernundsilbrigenwasserfällen-dieschäumendniederstürztenkämpftensichdieseefahrerhe-rumirrenddurchdieendlosetintenfarbigemeeresstraßewer-densieüberhauptdenausgangfindenam28november1520konn-tensiedastedeumanstimmenzumdankdemgefährlichenschat-tenreichentronnenzuseinunddiemeeresstraßedurchfahren-zuhabendieseithernachihrementdeckerdennamenmagellan-straßeträgtmagellanhattebewiesenesgibteinedurchfahrt-vomatlantischenzumstillenozean.

Um aus dem nur in Kleinbuchstaben ohne Abstand und ohne Satzzeichen gedruckten Text klug zu werden, muß man Konzentration, Vorstellungskraft, Scharfsinn und Kombinationsgabe anfachen.

● Vogel oder Hase? Gesichter oder Kelch? Alte Frau oder junge Dame?

Betrachten Sie – nacheinander – folgende 3 Zeichnungen. Die erste enthält einen Vogel und einen Hasen, die zweite 2 Gesichter im Profil und einen Kelch und die dritte eine 80jährige Frau und ein 18jähriges Fräulein. Je nach Betrachtungsweise sehen wir in den Zeichnungen das eine oder das andere Bild.

 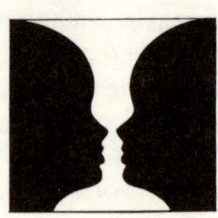 

Wenn wir gezielt jeweils ein Bild ins Auge fassen, ohne daß es »umkippt«, schulen wir unser Konzentrationsvermögen.

Wenn wir hingegen mehrmals so rasch wie möglich die Figur wechseln – von Vogel zu Hase, von Hase zu Vogel usw. – schulen wir die geistige Fähigkeit, blitzschnell umzuschalten.

● Zur Schulung des Kurzzeitgedächtnisses ist das »Kofferpakken« ein beliebtes Gesellschaftsspiel für 5 und mehr Personen. Einer beginnt, und der Nachbar wiederholt und fügt einen Gegenstand hinzu usw. So geht es rundum weiter. Die zu merkende Wortkette wird länger und länger.

»Ich packe einen Koffer und nehme mit: eine Sonnenbrille . . .«

»Ich packe einen Koffer und nehme mit: eine Sonnenbrille und ein Strandkleid . . .«

»Ich packe einen Koffer und nehme mit: eine Sonnenbrille, ein
Strandkleid und eine Luftmatratze . . .«
»Ich packe einen Koffer und nehme mit: eine Sonnenbrille, ein
Strandkleid, eine Luftmatratze und ein Sonnenschutzöl . . .«
»Ich packe einen Koffer und nehme mit: eine Sonnenbrille, ein
Strandkleid, eine Luftmatratze, ein Sonnenschutzöl und einen
Ball . . .«
• Logikschulung: Bringen Sie die nachstehenden Begriffe in die
richtige, logische Reihenfolge und rekonstruieren Sie die Bildge-
schichte:
Arztpraxis – Fahrerflucht – Ballspiel – Blessur – Radfahrer –
Straße – Zusammenstoß – Kind – Tetanusimpfung.
Sie sehen gewiß die Szene sofort vor Augen: Ein Kind spielt auf
der Straße Ball, stößt mit einem Radler zusammen. Das Kind er-
leidet eine Verletzung. Der Fahrer ergreift die Flucht. Das Opfer
wird in die Arztpraxis gebracht und gegen Tetanus geimpft.
• »Erschwerte Wortfindung« ist ein schweres Handikap der geistigen Fitneß. Die Wortfindung zu schulen, also die Abrufbarkeit
von Wörtern zu trainieren, ist daher eine Hauptdisziplin des
Denksports.

Wortfindungsübung 1:
Sie greifen irgendein Wort auf, z.B. »gehen«, und suchen andere
Ausdrücke dafür, die Sie auf ein Blatt Papier notieren, wie:
schlendern, trotten, stolzieren, schreiten, stelzen, traben, trip-
peln, trappeln, tappeln, marschieren, schusseln, eilen, rennen,
laufen, huschen, hasten, sausen, sprinten, spurten, fegen, wuseln,
wallen, pilgern, spazieren, promenieren, lustwandeln, wandeln,
bummeln, sich ergehen, flanieren, herumtigern, zigeunern, gleiten, schweifen, stromern, streunen, walzen, ziehen, waten, pir-
schen, staksen, tänzeln, tippeln, stöckeln, schlappen, humpeln,
schlürfen, latschen, watscheln, zockeln, zuckeln, zotteln, hop-
peln, trödeln, trampeln, stampfen, stapfen, stiefeln . . .
So nuanciert ist die deutsche Sprache, und wir beschränken uns
im täglichen Sprachgebrauch in der Regel auf »gehen«. Obige

Übung dient daher der Wortfindung und der Wortschatzerweiterung.

Wortfindungsübung 2:
Suchen Sie Hauptwörter (oder Eigenschaftswörter oder Zeitwörter), die mit einem bestimmten Buchstaben beginnen und mit einem bestimmten Buchstaben enden. Z. B. Hauptwörter, die mit »A« beginnen und mit »n« enden:
Augen, Abendessen, Ahn, Argwohn, Ansinnen, Aleuten, Anschein, Ableben, Anschauungsvermögen, Anerbieten, Abfinden, Alphorn, Andenken, Ahorn, Aron, Abdomen, Anwesen, Äbtissin, Administration, Affen, Alkoven, Agamemnon, Amundsen, Avignon usw.

Wortfindungsübung 3:
Ergänzen Sie ein Hauptwort zu einem zusammengesetzten Wort. Zum Beispiel: Eier-
Eiertanz, Eierkopf (Egghead), Eierschale, Eierschwamm, Eierspeise, Eierstock, Eierbrikett, Eierhandgranate, Eierstich (Suppeneinlage), Eierlikör usw.
● Beobachtung ist die Grundlage aller Gedächtnisschulung. Um die Beobachtungsgabe zu schärfen und das optische Gedächtnis zu stärken, betrachten Sie die Bilder auf der nebenstehenden Seite sorgfältig – rund 10 Sekunden lang. Dann decken Sie die Zeichnung ab und beantworten die Fragen: Wie viele Personen sind abgebildet und welche Berufe üben sie aus?

● Welches der 7 abgebildeten Wahrzeichen gehört nicht in die Gruppe? Um das beantworten zu können, müssen Sie den Überbegriff entdecken.

Lösung: die Freiheitsstatue paßt nicht zu den anderen Wahrzeichen, denn sie steht als einziges Monument nicht in Europa.

● Unter den »Schau«spielen, die die Beobachtungsgabe neben der Konzentrations- und Merkfähigkeit trainieren, sind besonders Kim-Spiele beliebt:

Eine Reihe von Gegenständen wird auf dem Tisch ausgebreitet und nach einer Weile mit einem Tuch zugedeckt. Wer hat sich alle oder die meisten Dinge eingeprägt?

● Wenn wir einen »Buchstabensalat« auflösen, wird unsere

Kombinationsgabe geprüft und geschult. Hinter den durcheinandergeratenen Buchstaben verstecken sich Tiere. Welche?
NUHD – GERIT – LERAD – IAH – RABEZ.
Sie haben flugs die Tiere entdeck, oder? Hund, Tiger, Adler, Hai, Zebra.

• Die in der rechten Hirnhälfte beheimatete geistige Fähigkeit, Zusammenhänge zu erfassen und selbst in Bruchstücken das übergeordnete Ganze zu erkennen, bedarf laufender Schulung. Ein Trainingsbeispiel: Ersetzen Sie die fehlenden Vokale und Sie erhalten einen Spruch von Novalis:
D-r w-hr- L-s-r m-ß d-r -rw--t-rt- --t-r s--n.
Lösung: »Der wahre Leser muß der erweiterte Autor sein.«

• Die beste rechtshemisphärische Hirngymnastik ist natürlich kreatives Tun. Widmen Sie sich daher in der Freizeit dem Wurzelschnitzen, dem Puppenspiel, dem Geschichtenerzählen, der Buchbinderkunst, der Seidenmalerei, dem Linolschnitt, der Hinterglasmalerei, der Collage, der Ikonenmalerei, dem Stoffdruck, dem Theaterspiel, der Pantomime, dem Bauchtanz, dem Chorsingen, dem Dudelsack- oder Orgelspiel, der Töpferei, dem Kochen, dem Weben, dem Fotografieren, dem Filmen oder dem Tagebuchschreiben.

Ob Sie es modern »Brain-Training« oder herkömmlich »Denksport« nennen – machen Sie Gebrauch von Rätselzeitschriften und den Rätselseiten in Ihrer Zeitung oder Illustrierten, ebenso von Video- und Computerspielen.

Knifflige Denkaufgaben lösen, Quizfragen beantworten, in Suchbildern Fehlern nachspüren, Puzzles legen, sich Gesellschaftsspielen widmen – von Memory bis Skat –, innere Bilder erschaffen (Visualisation) und aus dem Stegreif Reden halten, das alles vermittelt nicht nur Kurzweil, Reiz und Spannung, sondern als Draufgabe geistige Fitneß.

Tangram heißt Siebenschlau

Das Kreativitätsspiel schlechthin

Was der Löwe unter den Tieren, der Ginseng unter den Heilpflanzen und der Mount Everest unter den Bergen, das ist das
Tangram unter den kreativen Spielen. Weil es aber hierzulande
kaum bekannt ist, aber höchste Popularität verdiente, widmen
wir dem chinesischen Kreativitätsspiel ein eigenes Kapitel.
In China selber heißt das Tangram, das 4000 Jahre alt sein soll,
»Siebenschlau« oder »Weisheitsbrett«. Das geniale Formenspiel
konnte nur in einem Kulturkreis wie dem fernöstlichen erfunden
werden, der Synthese – Komposition und Kombination –, Fin-
digkeit und Meditation über alles stellt.
Tangram fand zu Beginn des 19. Jahrhunderts nach Europa und
Amerika. Napoleon zum Beispiel hat es mit Leidenschaft gespielt.
Das Spiel ist faszinierend für jung und alt. Man kann es allein
spielen oder in einer Gruppe.
Ob das bei uns gebräuchliche Wort Tangram sich vom altengli-
schen Wort »trangam« (= Rätsel, Vexierspiel) ableitet oder ob es
zusammenhängt mit der großen chinesischen Dynastie Tang,
oder ob es zurückzuführen ist auf die Tanka, die chinesischen
Flußbewohner von Kanton, deren Mädchen auf den Booten die
Matrosen mit dem Siebenschlau-Spiel unterhalten haben sollen,
darüber mögen sich die Sprachforscher den Kopf zerbrechen.
Wir aber zerbrechen uns den Kopf darüber, wie wir aus den 7
Elementen des Spiels möglichst viele Figuren legen können.

Mit Karton und Schere

Tangram ist ein Spiel zum Selbermachen. Sie brauchen lediglich ein Stück Karton oder Sperrholz, eine Schere (bzw. ein Rasiermesser) oder eine Laubsäge.

Kopieren Sie das unten abgebildete Muster oder zeichnen Sie selbst auf den Karton bzw. auf das Holz (es kann auch Kunststoff sein) ein Quadrat von 16 × 16 cm. Das Quadrat unterteilen Sie in 16 kleine Quadrate von je 4 × 4 cm, so daß Sie gleichsam ein Quadratgitter erhalten. Verbinden Sie, entsprechend den dik-

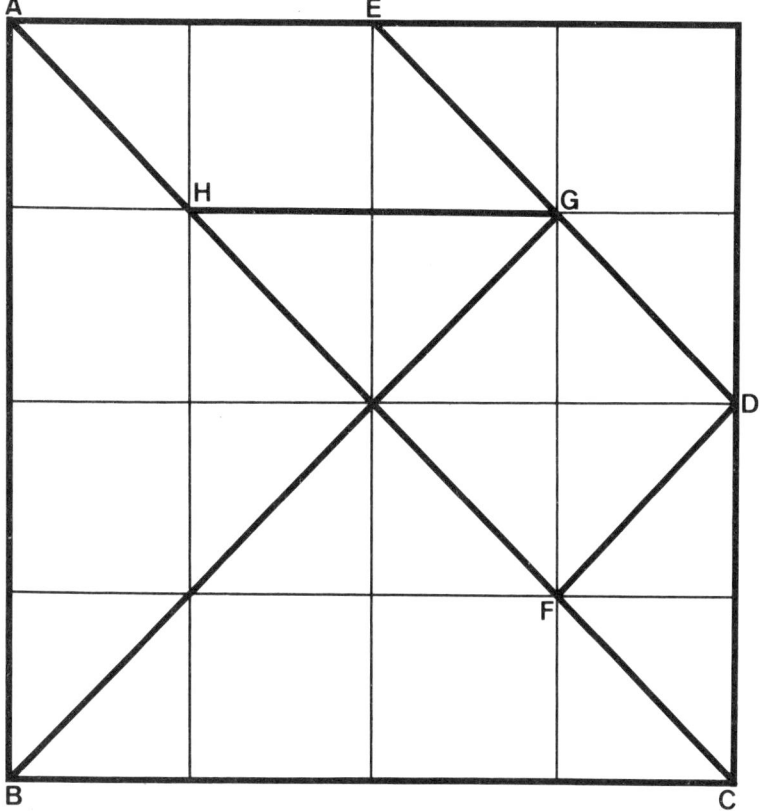

ken Linien auf unserer Vorlage, den Punkt A mit dem Punkt C,
den Punkt B mit dem Punkt G, den Punkt E mit dem Punkt D,
den Punkt F mit dem Punkt D und den Punkt G mit dem Punkt
H.

Wenn Sie das große Quadrat entlang der fetten Linien zerschnei-
den oder zersägen, erhalten Sie 7 Teile (Tans): 2 große Dreiecke,
ein mittelgroßes Dreieck, 2 kleine Dreiecke, ein Rhomboid und
ein Quadrat. Sie können Ihre Tans aus Holz natürlich lackieren.
Mit diesen 7 Tans können Sie Tausende Figuren zusammenset-
zen.

Also: Wir gestalten mit den 7 Elementen (Tans) Figuren, seien es
Menschen, Tiere oder Dinge. Jede Figur muß alle 7 Spielelemente enthalten, kein Tan darf übrigbleiben.

Um Ihre Vorstellungskraft anzuregen, bilden wir in der Folge 36
Beispiele ab: 2 Katzen; 2 Hasen; 4 Menschen, die es eilig haben; 4
Gänse; 4 Segelboote; 2 Vögel; 2 Fische; 6 Köpfe; die Zahlen 1 bis
0. (Köpfe und Zahlen stellen wir, wie es für fortgeschrittene
»Tangramisten« selbstverständlich ist, bereits ohne Zwischen-
räume dar, so daß die einzelnen Spielelemente nicht mehr ohne
weiteres erkennbar sind.)

1 2 3 4 5

6 7 8 9 0

Nun aber genug der Anregungen. Jetzt ist es an Ihnen, Ihre Phantasie zu entfalten und aus den 7 Elementen des Tangram hundert oder tausend Menschen (laufende, fallende, sitzende, stehende, tanzende, spielende), Tiere, Pflanzen, Zahlen, Buchstaben und Objekte (Gebrauchsgegenstände, Brücken, Schiffe, Häuser, Tempel . . .) zu gestalten.

Das Tangram ist geradezu unentbehrlich für geistige Fitneß-Sportler: Es weckt den Erfindungsgeist, beschwingt den Gedankenflug, stärkt die Bildkraft, bereichert das Kombinationsvermögen, fördert das synthetische Denken und schult das Formverständnis. Es ist alles in allem eine nichtversiegende Quelle der Inspiration.

Gipfelstürmer und Mondspaziergänger

Erfolgsfaktor Motivation

Warum erinnert sich Frau X, die über Gedächtnisschwäche zu klagen pflegt, genau an den Hut, den Frau Y auf der Party im letzten Winter getragen hat?

Warum erinnert sich der Schüler Z an alle Ergebnisse der Endspiele der Fußballweltmeisterschaften und an die Schützen der Siegestore, kassiert aber regelmäßig schlechte Schulnoten in Geschichte, weil er sich keine Jahreszahlen und die Feldherrn der Schlachten nicht merken kann?

Frau X und Schüler Z erinnern sich an das, was sie interessiert. Ihre Gedächtnisschwäche ist also keine echte. Sie ist eigentlich mangelndes Interesse. Desinteresse ist der Erzfeind der Konzentration, des Merkvermögens und des Lernens überhaupt.

Das Lernen wird zur Plackerei und zur Folter, wenn wir den Lernstoff ungern, ja widerwillig angehen. Lustlosigkeit, Langeweile, Abneigung, Abwehr, Angst, Leistungsdruck, Zwang, Zähnezusammenbeißen sind nicht nur keine guten Lehrmeister, sondern Gedankenkiller, Lernhemmer, Gedächtnisblocker. Sie sind die Barrieren jedes geistigen Prozesses. Wenn einem eine Sache zum Hals heraushängt, geht nichts mehr.

»Treibstoffe« des Lernerfolgs sind hingegen: Neugierde, Neigung, Interesse, Forscherdrang, Spaß, Begeisterung, Lust, Laune, Faszination, Gewinn, Nutzen, Vorteil, Erfolg, Lob, Ansehen, Zufriedenheit, Glück, Sicherheit, angenehmes Leben, Geselligkeit, Fürsorge und Selbstverwirklichung.

Bevor wir also eine geistige Arbeit in Angriff nehmen, müssen wir sie mit Motiven untermauern.

Eine starke Motivation scheint schon ein Viertel des Lernerfolgs zu sein – einer Untersuchung zufolge, die den Studienerfolg ans Ziel gekommener Studenten zu 25 % dem Interesse und nur zu 15 % der Intelligenz zuschrieb.

»Interesse und Wiederholung sind die beiden Beine, auf denen das Gedächtnis steht«, betont Wolfgang Zielke, Methodiker des Fachgebiets »Geistige Arbeit«.

Und die namhafte amerikanische Psychologin und Gedächtnistrainerin Dr. Joyce Brothers – berühmt geworden als Gewinnerin der 64 000-Dollar-Frage eines TV-Quiz – behauptet: »Das Gedächtnis wächst im Verhältnis zur Stärke des Motivs.«

Der amerikanische Motivationsforscher A. H. Maslow kleidet seine Theorie über die Arbeitsmotivation in das Bild einer Leiter mit 6 Sprossen.

Auf der 1. und untersten Stufe arbeitet der Mensch, um die Bedürfnisse nach Essen, Trinken, Obdach und Kleidung zu befriedigen.

Auf der 2. Stufe arbeitet er für Arbeitsplatzsicherheit und Altersversorgung.

Auf der 3. Stufe strebt er nach Ansehen und Prestige.

Auf der 4. Stufe will er neben Wertschätzung eine hohe Position erreichen.

Auf der 5. Stufe verinnerlicht sich die Motivation, und es bewegt ihn der Wunsch und Wille, Selbstvertrauen und Selbstachtung zu gewinnen. Es geht ihm nicht mehr um »Entgelt«, sondern um innere Werte.

Und auf der 6. und obersten Stufe spornt ihn der Eifer an, sich selbst zu verwirklichen und seine Persönlichkeit zu entfalten.

Für die Aktivierung unserer geistigen Fähigkeiten ist es nicht erforderlich, uns nur der hehren und hohen, von innen kommenden Motive der 5. und 6. Stufe zu befleißigen. Die von außen kommenden Motive sind gleichfalls effizient.

Wenn Sie »primärmotiviert« sind, wie es im Fachchinesisch heißt, brauchen Sie das Kapitel nicht zu Ende lesen. Primärmotiviert ist, wer von der Sache selbst gefesselt und von seiner Aufgabe durchdrungen ist. Er braucht keinen anderen Antrieb für die Hingabe an das Werk.

Wenn Ihnen der Lernstoff aber nicht recht schmecken will, ist es, um in Fahrt zu kommen, der allererste Schritt, Motive zu sammeln. Ohne klare attraktive Ziele ins Auge zu fassen, ohne sich lebhaft den Nutzen der Lernarbeit vorzustellen und einsichtig zu machen und ohne Erfolgserlebnisse oder Selbstbelohnungen zu organisieren, töten wir unsere Lernfähigkeit.

Auf der Suche nach guten »Antrieben« scheiden wir die negative Motivation aus. Zu lernen, um sich eine schlechte Zensur, eine Gardinenpredigt, einen Denkzettel, eine Rüge, eine angedrohte Strafe oder eine Blamage zu ersparen – also um einen Mißerfolg zu vermeiden –, ist eines freien Menschen unwürdig.

Wir halten uns an folgende Definition: »Motivation ist im Grunde nichts anderes als der natürliche starke Drang im Menschen, seine Bedürfnisse zu befriedigen« (Rajkay).

In diesem Sinne tragen wir Motive zusammen, um eine neue innere Einstellung zu gewinnen und Lernlast in Lernlust umzuwandeln. Was motiviert – bewegt – mich am stärksten? Nachdem ich mir das bewußt gemacht habe, binde ich alle meine Motive an die Lernaufgabe.

Antrieb, Anreiz, Ansporn können sein:

● Das Gefühl, Wesentliches zu leisten

3 Maurer auf einer Baustelle wurden gefragt, was sie tun. Der erste antwortete: »Ich mauere«, der zweite: »Ich verdiene meinen Lebensunterhalt«, und der dritte: »Ich baue eine Kathedrale.«

● Erfolg

Besseres Vorankommen, Gehaltserhöhung, Beförderung, einträgliche Stellung, finanzielle Vorteile, steigender Lebensstandard, Eigenheim, neues Auto, Machtzuwachs, Wahl in ein Amt, höheres Prestige und gesellschaftliche Anerkennung, mehr Entscheidungsfreiheit, Lehrabschluß, Abitur, Staatsexamen sind z. B. lernleistungsfördernde Erfolgsziele.

● Wettbewerb

Besser und schneller sein als die Konkurrenz, als ein Mitschüler, als Geschwister ist ein wirksames Lernmotiv.

● Liebe

Den Eltern, der Frau, dem Ehemann, den Kindern, der Freundin, dem Partner, den Kollegen Freude zu bereiten, Gutes zu tun, gebraucht zu werden, besser helfen zu können durch Rat und Tat oder Dienstleistungen – spornt an.

● Identifikation

Einem Vorbild oder Idol nacheifern.

● Lob und Belohnung

Auszeichnung, Preis, Prämie, Zuwendung. Selbst ein berechtigtes Eigenlob ist eine treibende Kraft im Lern- und Gedächtnisprozeß. Lernpädagogen legen uns sogar nahe, uns selbst wie ein kleines Kind zu behandeln und einzuplanen, uns gleich nach Erreichung eines Zieles bzw. Teilzieles selbst zu belohnen: durch eine Tasse Kaffee, eine Zigarette, einen Kinobesuch, ein Telefongespräch, die Lektüre einer Illustrierten, den Besuch eines Fußballspiels, einen Krimi im Fernsehen. Das sind Lernverstärker, die die Leistung hochschnellen lassen.

● Selbstverwirklichung

»Der Drang nach Selbstverwirklichung ist das entscheidende Motiv, das den Menschen zum Handeln ruft. Dieser Drang stellt die anthropologische Basis der Bereitschaft zur Arbeit, zum Fleiß, zum inneren Engagement dar. Dieser Drang bewirkt, daß der Mensch mit seiner ganzen Persönlichkeit und nicht nur von seiner Peripherie her der Arbeit verhaftet ist« (H. Wiedemann).

● Neugierde

Neugierde ist das elementare Motiv, das beim Kind noch ungebrochen ist, beim lerngeschädigten Schüler aber der Langeweile oder Versagensangst Platz macht in einer Schule, die Staunen, Spaß und Spannung aus dem Unterricht verbannt.

Wir müssen also den Naturtrieb Neu-Gier erneut zu seinem Recht verhelfen, und die Lernfreude wird zurückkehren und die Lernabwehr wird fliehen.

Zu den größten Vergnügen der Menschheit zählt das Lernen, meint der Kybernetiker und Pädagoge Prof. Helmar Frank.
Lernen macht uns zu Entdeckern und Eroberern von rätselhaftem, phantastischem und faszinierendem Neuland, ob wir Mathematik, Chemie, Philosophie, Soziologie, Elektronik oder eine Fremdsprache erkunden. Das »Land des Lernens«, das wir betreten, ist eine »terra incognita«, ein Dschungel, ein Urwald, eine Wüste aus Eis oder Sand, ein Gebirge, ein Labyrinth oder ein fremder Stern, und der Lernende ist ein Reiselustiger, Abenteurer, Späher, Held, Expeditions- oder Safariteilnehmer, Gipfelstürmer, Weltumsegler, Astronaut, Mondspaziergänger oder Archäologe. Der Lernende verläßt seine vertraute Umwelt, überschreitet seine Grenzen, wagt einen Vorstoß, schlägt Pfade in den Urwald und tastet sich durch Nebel. Lernen ist aufregend. Lernen ist reizvoll. Lernen ist fesselnd. Ein uninteressantes Lerngebiet gibt es wirklich nicht – für einen Neugierigen, der die interessanten Seiten herauszufinden und zu erkunden weiß.
Wer einmal ein günstiges Motivationsklima mit widerstandsfähigen Beweggründen geschaffen hat, den wird das Lernziel magnetisch anziehen und nicht mehr loslassen.

Diamant mit weißen Wellen

Befreiung des Geistes durch Entspannung und Meditation

Welch ein Unsinn, sich noch etwas darauf einzubilden, wenn man pausenlos aktiv ist. Wenn es in unserer Zivilisation heißt: Er ist (oder – am offenen Grab – er war) »rastlos tätig«, so gleicht das einer Ordensverleihung.

Ständig »unter Druck« und »in Eile« zu sein, erhöht nur in einer verkehrten Welt die Bedeutung einer Person. Lob und Ehre verdient der durch Unrast krankhaft Überspannte oder Abgespannte wahrlich nicht.

Hektiker können Informationen nicht mehr richtig aufnehmen, assoziieren und speichern. Streß ist der Ruin des Lernens, des Denkens wie des Erinnerns. Er schädigt unsere Gehirnfunktionen. Zum Beispiel senkt er, wie eine Studie bei Schulkindern an den Tag brachte, die Quote in Intelligenztests um 13 %.

Wer ständig am Rande eines Nervenzusammenbruchs lebt und stets unter Volldampf steht, untergräbt also seine geistige Fitneß.

Von der Schule her kennen wir alle die Auswirkungen der Nervosität. Vor der Prüfung haben wir es im Schlaf gewußt, aber beim Examen suchen wir in der Aufregung krampfhaft nach der Antwort. Sie mag uns auf der Zunge liegen, aber sie läßt sich nicht herbeizwingen. Sie fällt uns auf Biegen und Brechen nicht ein. Wir sind von unserem Wissen wie abgeschnitten. Wir drehen uns im Kreis.

Dauerhafter oder extremer Streß durch Hektik, seelische Spannung, körperliche Verkrampfung, Angst, Ärger, Neid, Wut, Haß, Leid, Verzweiflung, Lärm usw. ist und bleibt der Todfeind der geistigen Fitneß.

Warum? Bei körperlicher oder seelischer Überlastung – Streß – und bei Gefahr setzt die Natur den seit Urzeiten in uns verankerten Streßmechanismus in Körper und Gehirn in Gang. Das heißt: Streß und Gefahr lösen schlagartig Notfallreaktionen im Organismus aus. In der Panik ist alles darauf ausgerichtet, den gestreßten und gefährdeten Menschen zu Höchstleistungen in der Abwehr, im Angriff oder in der Flucht zu befähigen. Er muß im Kampf ums Dasein blitzschnell reagieren. Es ist daher im Sinne der Selbsterhaltung, daß der Streßmechanismus das Denken blockiert. Denn Nachdenken und Überlegen würde die plötzliche, reflexartige, instinktive Reaktion nur verzögern, wäre also lebensgefährlich gewesen für unseren von wilden Tieren oder feindlichen Menschen bedrohten Urahn in grauer Vorzeit. Kurzum: Der entwicklungsgeschichtlich lebensnotwendige Streßmechanismus wirkt sich in unserer hastigen Zeit und technologischen Gesellschaft geisttötend aus.

Entspannung

Das Heilmittel bei Streß heißt Entspannung und Beruhigung. Spannung und Entspannung sowie Belastung und Entlastung gehören wie Einatmen und Ausatmen oder wie Wachen und Schlafen zusammen. Sie sind das Auf und Ab der Wellen im Lebensrhythmus. Je entspannter wir sind, um so empfänglicher für Informationen sind das Unterbewußtsein und das Gedächtnis. Entspannung allein behebt die durch Spannung verursachten schwerwiegenden Lernblockaden und bringt die Ideen zum Fließen.

Gönnen wir uns daher Ruhepausen in Alltag und Beruf. Unterbrechen wir unsere Aktivität durch Passivität – oder Tagträumen. Setzen Sie sich bequem auf den Bürostuhl, auf den Straßenbahnsitz oder auf eine Parkbank hin, um Körperverspannungen aufzulösen. Nehmen Sie Abstand von destruktiven Emotionen: heimtückischen Stressoren. Positives Denken und Seelenhygiene lassen Sie mit die mentalen Fähigkeiten einschnürenden Gefühlen von A(ngst) bis Z(orn) fertig werden. Fördern Sie die Harmonie in allen Lebenslagen. Schalten Sie eine Viertelstunde ab: tun Sie nichts, wollen Sie nichts, geben Sie sich unbekümmert der Gedankenleere hin. Stellen Sie sich unter die Dusche, besuchen Sie die Sauna, schwimmen Sie, machen Sie einen Spaziergang, spielen Sie mit Ihren Kindern, gärtnern Sie, setzen Sie sich (wie Einstein, wenn er eine geistige Nuß knackte) auf eine Schaukel, hören Sie Musik oder ein Entspannungstonband, atmen Sie bewußt ein paarmal zwanglos und friedlich durch. Oder stellen Sie sich mit wohligem Gefühl vor, sich am Meer, in den Bergen oder im Wald zu befinden.
Loslassen schafft Gelassenheit.

Wirkungen der Entspannung
Entspannung bewirkt biochemische und elektrische Veränderungen im Gehirn zugunsten eines inneren Lernklimas.
- Während Streß einen Überschuß an Milchsäure produziert, der Anspannung und Angst provoziert, senkt Entspannung den Milchsäuregehalt (nach einer Viertelstunde Entspannung schon um 30 %), so daß sich ein gedeihliches Wohlgefühl einstellt.
- In der Entspannung steigen die Endorphine an, beflügeln uns.
- In der Entspannung synchronisieren sich die beiden Hirnhälften, d. h., sie arbeiten als Einheit in vollkommener Partnerschaft zusammen und schaffen einen ganzheitlichen Bewußtseinszustand.
- In der Entspannung wird das Gehirn mit Blut und Sauerstoff sowie anderen Nährstoffen versorgt.

- In der Entspannung verzögert sich die lernhemmende »Verkalkung«.
- Und vor allem: In der Entspannung werden die chaotischen, schnellen Betawellen im Gehirn durch langsamere, rhythmische und hochenergetische Alpha- und Thetawellen verdrängt, was die Bereitschaft zu innerem Erleben, zu Kreativität und zu geistigen Spitzenleistungen anzeigt.

Im Alphazustand werden die Lerninhalte durch Ausschaltung des Alltagsbewußtseins sanft ins Unterbewußtsein befördert und dort gefestigt. Er optimiert also unsere Aufnahmefähigkeit.

Die noch langsameren Thetawellen sind der Tiefenentspannung, der Kontemplation, der Meditation und der Trance vorbehalten. Sie sind die Musen des schöpferischen, erfinderischen Menschen.

Spezielle Entspannungstechniken

➡ R. L. Johnson verweist auf die Möglichkeit, den Entspannungsprozeß durch die Vorstellung von Edelsteinen und von Farben zu befruchten.

Wir stellen uns – verbunden mit der Tiefatmung – vor, in unserem Gehirn oder in der Brustmitte befindet sich ein Edelstein, der seine farbigen Wellen aussendet, die das Gehirn und anschließend das Rückenmark und das gesamte Nervensystem durchfluten.

Wir wechseln langsam, Stufe für Stufe, den Edelstein aus, nachdem wir seine Farbe jeweils voll ausgekostet haben.

---

1. Schritt: Smaragd mit grünen Wellen (das entspricht dem Hirnwellenmuster des mittleren Alphabereichs).
2. Schritt: Saphir mit blauen Wellen (unterer Alphabereich).
3. Schritt: Amethyst mit violetten Wellen (oberer Thetabereich).
4. Schritt: Diamant mit weißen Wellen (mittlerer Thetabereich).

Die Methode läßt uns also in den Alphabereich eintauchen, ja sogar in den Thetabereich vorstoßen.

→ Die Chinesen pflegen ihre Entspannung zu begleiten durch dem Atem angepaßte rhythmische Wiederholung von Worten wie »Friede«, »Harmonie«, »Ruhe«, »Stille« und »Glückseligkeit«. Das verlangsamt meßbar die Gehirnwellen.

→ Neben dem Autogenen Training (AT) und Dehnübungen (Stretching) ist vor allem die sogenannte »Progressive Muskelentspannung« nach Dr. med. Edmund Jacobson zu empfehlen. Ein Wort aus der Praxis der erfahrenen Psychologin Ingrid Klampfl-Lehmann: »Ich ziehe die progressive Muskelentspannung dem autogenen Training vor, das nur mit der eigenen Vorstellungs- und Suggestionskraft die Entspannung herzustellen sucht. In meinen Gedächtnis-Kursen hat sich gezeigt, daß vielen Menschen die Entspannung nur über die Vorstellung sehr viel schwerer fällt, als wenn sie selbst aktiv dazu beitragen können, indem sie ihre Muskeln erst anspannen und dann locker lassen. Dies bewirkt nämlich im Körper automatisch, daß der Muskeltonus (die Spannung in den Muskeln) unter das ursprüngliche Niveau sinkt.«

Die Methode der Tiefenentspannung nach Jacobson, einem amerikanischen Physiologen, besteht darin, daß wir – sitzend oder liegend – abwechselnd die Muskel anspannen und loslassen.

5 Sekunden anspannen, plötzlich locker lassen, 15 Sekunden die Entspannung genießen – nacheinander in der Reihenfolge: rechte Faust (bei Linkshändern die linke) – rechter Oberarm – linke Faust – linker Oberarm – Stirn (runzeln) – Augenlider (senken, heben) – Augen (rollen) – Nase (rümpfen) – Zunge (gegen Gaumen und Zähne pressen) – Lippen (zusammenpressen) – Kinnbacken/Kiefer (Kinn auf die Brust pressen, Zähne zusammenbeißen) – Nacken/Hals (drehen) – Rücken (Schulterblätter einander annähern) – Trapezmuskel (Schultern heben) – Rücken (Hohlkreuz machen) – Bauchmuskeln (Bauch wölben, einziehen, hart machen) – Hinterbacken (Gesäßmuskel zusammenpressen) – Damm-Muskeln (zusammenziehen) – Schienbeinmuskeln (Füße nach oben abwinkeln) – Waden – Oberschenkel (Kniescheiben spannen, Knie gegeneinander drücken) – Zehen (strecken und erheben) – Füße (drehen).

Wenn eine Muskelpartie angespannt ist, sind alle anderen entspannt. Die Atmung ist ruhig und gleichmäßig.
Wenn wir die Reihenfolge der zu entspannenden Muskelpartien in entsprechenden Intervallen auf ein Tonband sprechen, ist unser Geist bei der Übung frei.
Sich nur einzubilden, »cool« und »relaxed« zu sein, ist zuwenig.
Das Elektromyogramm (EMG), das die Muskelspannung mißt, entlarvt, daß die Spannung ein Teil des modernen Menschen geworden ist und daß den meisten erwachsenen Menschen heute der Zustand der Entspannung fremd ist. Er muß also die angeborene Entspannungsreaktion, wie wir sie etwa bei der Katze oder

beim Hund beobachten können, neu lernen. Nützen wir also – besonders vor geistiger Tätigkeit und vor Prüfungen – die unzähligen, frisch und aufnahmefähig machenden und psychisch festigenden Entspannungstechniken.

Meditation

Eine sprudelnde Quelle geistiger Fitneß ist die Meditation. Wer in den Thetabereich übersiedelt, macht den Kopf frei für den kreativen Gebrauch von Ideen und für schöpferische Leistungen. Meditation und Gebet sind – nicht nur, aber auch – »gehirnerweiternde Techniken«.

Frithof Krepp, Mathematik- und Musiklehrer auf neuen Wegen, bekennt in einer Zeitschrift für Grenzwissenschaften: »Wenn mich Schüler und Eltern fragen, wie denn eine Verbesserung der Leistung zu erreichen sei, so antworte ich oft: ›Nicht nur mehr üben und lernen von Unterrichtsinhalten, sondern auch lernen, sich zu entspannen, ruhig zu sein, mal zu schweigen, in die Stille gehen, sich leer machen‹ . . . Bei einem ruhigen See kann man auf den Grund schauen, bei einem stürmischen nicht. Analog dazu kann ein ruhiger Schüler viel mehr Informationen aus der Tiefe seines Gedächtnisses abrufen als ein unruhiger, und er wird leichter zu seinem kreativen Potential finden. In der Ruhe wird der Grundstein gelegt – der Grundstein für die sanfte Revolution des Lernens.«

Leerzeiten sind Lehrzeiten! Einmal die öde Denkerei stoppen und den Geist, der unablässig mit irgend etwas beschäftigt ist – nicht selten mit Unwichtigem, Unnützem, Überflüssigem – zur Ruhe bringen. Der moderne Zivilisationsmensch leidet an Gedanken, an inneren Monologen. Schicken wir den nach außen gekehrten Geist einmal auf Urlaub nach innen. Er ist sehr erholungsbedürftig, zumal wir gut 90 % (!) unserer Gehirnenergie zur Verarbeitung äußerer Reize aufbrauchen.

Was die Yogis Samadhi, die Zenmönche Satori und die christli-

chen Mystiker »Wolke des Nichtwissens« nennen, das nennen
die Psychologen »Blankout« (blank, englisch: leer).
Wir können uns ersparen, Meditationsmethoden auszubreiten.
Sie müssen nicht den Derwischtanz erlernen oder in einem Yoga-
Ashram oder einem Zen-Kloster die Beine zum Lotossitz verkno-
ten, um Meditation zu üben. Es genügt, mit Hingabe eine Ker-
zenflamme oder den Polarstern zu betrachten oder die Atemzüge
zu zählen oder Holz zu hacken oder dem Ticken einer Uhr zu
lauschen oder Heuduft zu riechen – und nur das zu tun, was wir
tun. Eine Viertelstunde lang. Alltag und Außenwelt blenden wir
aus. Ablenkende Gedanken lassen wir ziehen.
Das macht uns noch nicht zu Mystikern, versetzt uns aber in
einen meditativen Zustand.
Meditierende sind: aufmerksamer, reaktionsschneller (um 30 %),
objektiver, ideenreicher, weniger problemblind, selbstbewußter.
Sie können die in der Kontemplation frei werdenden Gehirn-
energien umsetzen in Geistesklarheit, Heiterkeit, Flexibilität,
Empfänglichkeit, Kombinations- und Koordinationsvermögen,
Reproduktionsfähigkeit und Sinnesschärfung.

Beständig ist nur der Wechsel

Umdenken und umlernen

»Nichts ist beständig außer der Wechsel«, aber der Mensch neigt schon in mittleren Jahren und erst recht ab 60 dazu, sich unter die Gestrigen, die Rückwärtsdenker und die »Gewohnheitstiere« einzureihen. Das ist aber der Anfang vom Ende der geistigen Fitneß, die auf Flexibilität gründet.

Es gibt nur einen einzigen Ausweg: Das Denkmuster »Ich bin zu alt zum Lernen« bis auf die Wurzel auszumerzen und ein neues Denkmuster einzupflanzen, das da lautet: »Man lernt nie aus.« Leben ist Wandlung, und wer sich weigert, sich zu verändern, ist geistig schon gestorben. Wer nicht lebenslänglich lernt – umlernt –, ist verloren in geistigem Siechtum.

Die Alternative zu geistigem Siechtum heißt Weisheit.

»Wenn wir unser ganzes Leben lang unentwegt bereit sind, neue Informationen in uns aufzunehmen, und nicht aufhören, Herausforderungen, Veränderungen und neue, unvorhersehbare Erfahrungen zu suchen, d. h. uns selbst eine Umwelt mit komplexen Reizen zu suchen, dann« – so schreibt Michael Hutchison, der sich gründlich mit der Gehirnwissenschaft auseinandergesetzt hat – »wird auch unser Gehirn nicht aufhören, wie ein magischer Webstuhl immer reichere, subtilere und komplexere Stoffe zu wirken, Nervenverbindungen zu knüpfen. Eigentlich liefern Gehirnwissenschaftler Beweise für etwas, das in den Kulturen des Ostens und anderswo längst bekannt ist: Alter kann größere Weisheit mit sich bringen.«

Das Schreckgespenst geistiger Fitneß ist der Mensch, der immer derselbe bleiben will, der sich an Bewährtes klammert, bestrebt ist, alles unter Kontrolle zu halten und alles zu lassen, wie es ist, der nichts riskiert, nichts Neues ausprobiert (»Keine Experimente!«), jede Veränderung für bedrohlich hält, keine Verantwortung übernimmt, nicht Anteil nimmt an dem, was geschieht, nur im Paradies der Erinnerung schwelgt, d. h. passiv in der Vergangenheit lebt, sich unkritisch vorgekaute Meinungen einverleibt, stur Klischeevorstellungen anhängt, alles als gegeben hinnimmt, sich einmauert in einen Bunker und nur durch Sehschlitze die Außenwelt wahrnimmt . . .

Wer seine dritten Zähne bekommt, ist aber keineswegs dazu verdammt, nur auf dem Balkon im Schaukelstuhl oder auf der Hausbank zu sitzen, sich nicht zu rühren, geistig stehenzubleiben und von früher zu reden, zu verkrusten und zu versteinern durch zwanghafte Verhaltensmuster, sich in die Gefangenschaft der Macht der Gewohnheit zu begeben.

Die geistige Aushöhlung oder Abstumpfung mit zunehmenden Alter ist vielfach selbst verschuldet. Unser Fitneßprogramm baut dem geistigen Verfall vor durch die Praxis des Umdenkens.

Wie können wir eingefahrene Denkstrukturen und Gedankenmuster, alteingesessene Praktiken und geistige Fixierungen durchbrechen und uns neue Denkbahnen erschließen? Wie können wir bis ins hohe Alter geistig wachsen?

11-Punkte-Programm

● Pfeifen Sie auf die Vergangenheit und leben Sie im Augenblick, dann ist das Leben jederzeit taufrisch und bietet tagtäglich einen Nullpunkt, d. h. einen neuen Anfangspunkt. Schreiten Sie freudig vom Alten zum Neuen, begrüßen Sie einschneidende Veränderungen, lassen Sie sich herausfordern, bleiben Sie auf dem laufenden.

Werbeberater Günter Arnold: »Wenn wir nicht mit der Zeit gehen, dann gehen wir mit der Zeit.«

● Altes, unrichtig gewordenes Wissen bedarf endlos der Korrektur oder der Ergänzung. Was wir vor 10 oder 20 Jahren gelernt haben, ist unter Umständen heute überholt, überflüssig oder falsch. Zudem verdoppelt sich das Wissen der Menschen alle 10 Jahre.

Benjamin Franklin: »Aufhören zu denken – aufhören zu sein: nur ein kleiner Unterschied.«

Der höhere Wissensstand und die technische Entwicklung verlangen, daß wir unseren Horizont erweitern und uns auf die neue Situation einstellen.

● Gewinnen Sie die unbefangene Neugierde zurück, die Sie als Kind hatten. Lernen Sie erneut fragen! Wer fragt, ist nicht dumm, sondern klug.

»Alle Wissenschaftler sind Fragende«, vermerkt der Denktrainer Wolfgang Zielke. »Alle Experimente sind Fragen, Fragen, die der Forscher der Natur vorlegt. Suchen nach Antworten geht einher mit Aufmerksamkeit, mit Aufgeschlossenheit, mit der Bereitschaft, sich belehren zu lassen. Leute, die schon alles wissen und nicht mehr fragen, schreiten in ihrer Entwicklung bereits zurück.«

Der Gehirngelehrte Jerzy Konorski bezeichnet das »forschende Verhalten« – die Suche nach neuen Erfahrungen – als »Nährstoff« für unsere Nervenzellen. Wir hungern also die Nervenzellen aus, wenn wir unseren angeborenen Forschungsdrang nicht beleben.

● Leben Sie nicht in einem Panzer, verkriechen Sie sich nicht! Mit anderen Worten: Reduzieren Sie im Rentenalter nicht Ihre sozialen Kontakte!

● Stellen Sie Ihre Ansichten zur Diskussion. Führen Sie Gespräche, nehmen Sie an Diskussionen teil, besuchen Sie Vorträge, um in unvoreingenommenem Informations- und Meinungsaustausch mit den Gedanken und Denkweisen anderer – speziell junger und rebellischer – Menschen in Kontakt zu kommen und sich von begrenzenden Gedanken, Ansichten und Überzeugungen zu befreien, selbst wenn daran eine Verhaltensänderung gekoppelt ist.

● Ambiguität heißt laut Lexikon: Mehrdeutigkeit von Wörtern, Werten, Symbolen und Sachverhalten. Wir sollten uns anfreunden mit jenen Mehrdeutigkeiten und jede »Schubladisierung« vermeiden. Denn Schubladendenken ist der Tod geistiger Fitneß. Fühlen Sie sich also nicht bedroht von »Uneindeutigem« oder Verschwommenem und von Unordnung.

Daniel Goleman: »Eine quer durch alle Altersschichten laufende Studie ergab, daß diejenigen, die in den mittleren Jahren am ehesten dazu imstande waren, Ambiguitäten zu tolerieren und neue Erfahrungen positiv anzunehmen, ihre geistige Regheit bis ins hohe Alter bewahrten.«

● Schaffen Sie sich eine reizreiche Umgebung, die Sie tagaus, tagein neuartigen Situationen aussetzt und die Schwierigkeiten bietet. Denn eine reizarme, klinisch sterile Umgebung führt zu geistiger Abstumpfung und zu rapidem Verlust von Gehirnzellen.

● Werden Sie Novize bzw. Novizin! Das ist keine Aufforderung zum Eintritt in ein Kloster, sondern die Anregung, nochmals Abc-Schütze, Neuling und Debütant zu werden.

Es soll Großmütter geben, die das Abitur nachholen, um ihren Enkelkindern helfen zu können, und Rentner, die ein Hochschulstudium in Angriff nehmen oder ein zweites und drittes Mal promovieren.

Sie könnten Chinesisch oder das Zitherspiel erlernen und sich einem neuen Hobby zuwenden. Auf jeden Fall: Bleiben Sie fortschrittlich!

Mein Vater ist 90. Er versorgt sich selbst und geht nicht nur seinem alten Hobby, der Gärtnerei, nach, sondern widmet sich als Methusalem der Ahnenforschung und gräbt in den Archiven der Behörden alte Dokumente aus, so daß wir unseren Ahnen mittlerweile bis zum Dreißigjährigen Krieg zurückverfolgen können.

● Bleiben Sie nicht Spezialist, werden Sie Generalist! Der auf ein Spezialgebiet eingeschliffene einseitige Experte – der »Fachidiot« – soll sich über seine Domäne hinauswagen.

Ein Spezialist – kennen Sie das Bonmot? – ist einer, der von immer weniger immer mehr weiß, bis er schließlich von nichts alles weiß.

● Legen Sie die Latte höher! Frisch gewagt ist halb gewonnen. Wer aus Furcht vor Fehlschlägen sein Leistungsniveau senkt, untergräbt sein Selbstvertrauen.

● Machen Sie nicht mehr alles so, wie Sie es immer schon gemacht haben. Was können Sie ändern und besser machen?

Wenn noch in alten Tagen Neues von uns ausgeht, wenn wir mit dem Leben fließen, statt uns zu sperren und uns zu wehren, und wenn wir formbar bleiben, sichern wir unsere geistige Fitneß.

Bewußtseinserweiterung

Den Gipfel des Umdenkens erreichen wir freilich erst in einer Bewußtseinserweiterung, wenn wir die Brille unseres »anthropozentrischen Mittelpunktswahns« (Hoimar von Ditfurth) und die unseren Horizont schmälernden Scheuklappen unseres Denksystems und des Alltagsbewußtseins ablegen.

Uns fehlt die Erfahrung der kosmischen Einheit, der Allverbundenheit, wie sie erleuchtete tibetische Lamas, japanische Zenmeister, indische Mahatmas oder christliche Mystiker hatten und haben. Daher sind wir nicht fähig, uns selbst und unsere Probleme in neuer Perspektive und in neuem Licht zu sehen. Doch wir dürfen den »Ein«sichtigen vertrauen und uns als Teil der Natur fühlen, verbunden mit allem und allen, zumal die neue Physik bestätigt, was die Mystiker immer schon wußten: daß das Universum ein »teilloses Ganzes« ist. Alles hängt zusammen. Wir beziehen dabei die unsichtbare, verhüllte Welt ein, selbst wenn sie uns persönlich verborgen bleibt.

Einszuwerden mit uns selbst, mit der Natur, mit den Mitmenschen und mit dem Augenblick – das ist das große Tor zur Entgrenzung unseres Geistes.

Die mitmenschliche Beziehungspflege beispielsweise, in der Religion Nächstenliebe, in der Psychologie Altruismus genannt, setzt Endorphine im Mittelhirn frei, wie Jaak Panksepp, Psychologe an der Bowling Green State University (Ohio), herausstreicht,

Endorphine, die die geistige Leistungsfähigkeit in die Höhe treiben. Die Vereinzelung des Menschen, der ein Inseldasein führt, bedeutet umgekehrt eine schwere geistige Behinderung.

Wir brauchen uns nur ab und zu mit der Astronomie befassen, in Lichtjahren rechnen und die Unermeßlichkeit und Erhabenheit des Alls ins Auge fassen, um unseren Gesichtskreis zu erweitern. Bei allem Respekt: was ist schon die Erde in einem Universum mit 100 000 000 000 Galaxien, von denen jede ihrerseits an die 100 000 000 000 Sterne hat. Was ist schon unsere eigene Zeitspanne, und sei sie 100 Jahre, auf dem Hintergrund der ca. 15 Milliarden Jahre der kosmischen Geschichte.

In vielen Fällen könnten und sollten wir mit dem chinesischen Mönch Hotei ausrufen: »Oh, wir Narren, was für ein Weltendrama um nichts, ich lach mich schief!«

In den tiefen Einsichten gewinnen wir aber nicht nur Humor, sondern vor allem hohe geistige Inspiration.

Küche für den Kopf

Durch richtige Ernährung zu geistiger Leistungsfähigkeit

Wer beim Tischdecken darauf bedacht ist, dem Gehirn die nötigen Bau-, Nähr- und Wirkstoffe zu liefern, wird mit gesteigerter geistiger Leistung und Intelligenz belohnt. Wer aber in seinen Eßgewohnheiten die Bedürfnisse des Gehirns negiert, der wird bestraft: mit Konzentrationsschwäche, Irritabilität, Auffassungsschwierigkeit, Vergeßlichkeit und anderen Störungen des Gehirns.

Cholesterinspiegel

Die nicht selten durch falsche Ernährung bedingte Arteriosklerose (Gefäßverkalkung, Blutgefäßverengung) ist eine Hauptursache der Gedächtnisschwäche und der erschwerten Wortfindung im besonderen sowie des Nachlassens der geistigen Fähigkeiten im allgemeinen.
Die von der Arteriosklerose betroffenen Hirnarterien verhärten und verengen sich durch Ablagerungen, so daß die Blutversorgung des Denkapparates behindert wird. Die Mediziner sprechen von Zerebralsklerose bzw. zerebralen Durchblutungsstörungen (zerebral = das Gehirn betreffend).
Die Hirnleistung steht und fällt mit der Blutversorgung, also der Ernährung des Gehirns.

Wir möchten nicht die heute grassierende Cholesterinhysterie schüren, aber ein zu hoher Cholesterinspiegel fördert die Gefäßverengung. Durch Senkung des Cholesterinspiegels kann anderseits die geistige Leistung erhöht werden.

Es ist also im Interesse der geistigen Fitneß, darauf zu achten, daß wir den Cholesterinspiegel in gesunden Grenzen halten (180 bis 200 mg/dl).

Cholesterin, ein fettähnlicher Stoff, ist lebensnotwendig für unseren Organismus – zum Beispiel zur Bildung von Gallensäure, zum Aufbau von Hormonen und von Zellwänden. Daher produziert der Körper selbst das erforderliche Cholesterin, zusätzlich aber führen wir es ihm zusätzlich mit der Nahrung zu.

Cholesterin ist also unentbehrlich, nur ein Zuviel davon im Blut schadet der geistigen Fitneß, und nicht nur der geistigen. Wer also zu den 3 von 4 Erwachsenen zählt, die einen überhöhten Cholesterinspiegel aufweisen, soll durch fett- und cholesterinarme und ballaststoffreiche Ernährung den Cholesterinabbau forcieren.

Cholesterinbomben sind:
- ○ fettes Fleisch und Geflügel (Gans, Ente), Innereien (Leber, Nieren, Hirn), Leber-, Blut- und Bratwurst, Speck, Hummer
- ○ fette Fische (Karpfen, Aal) und Kaviar
- ○ Vollmilch, Sahne
- ○ tierische Fette (insbesondere Butter, Schmalz)
- ○ Erdnußöl, Kokosfett
- ○ Eidotter
- ○ mit Fett gebackene Teigwaren und Backwaren
- ○ Süßigkeiten, Schokolade, Pralinen, Marzipan, Sahneeis
- ○ Avocados, Nüsse

Um den Cholesterinspiegel und Blutfette (Triglyzeride) auf niedrigem Niveau zu stabilisieren, sind zu empfehlen:
- ○ mageres Fleisch, Huhn, Wild, Kalbfleisch
- ○ magerer Fisch
- ○ Magermilch, Buttermilch, Magerkäse, Magerquark
- ○ ungesättigte Fettsäuren (mit hohem Linolsäuregehalt)

○ Obst, Früchte, Salate, Gemüse
○ Knoblauch (ein bewährtes Gedächtnisstärkungsmittel)
○ Kartoffeln
○ Vollkornbrot

Vitamine

Vitamine beeinflussen die Gehirnfunktion. Vitaminmangel führt zu mentalen Engpässen, ausreichende Vitaminzufuhr bewahrt oder bessert die Hirnleistung.

Der aus Ungarn stammende Schweizer Wissenschaftler Ladislaus S. Dereskey, Biologe und Pharmakologe, berichtet in seinem Buch »Gedächtnis bis ins hohe Alter« von sechs amerikanischen Ärzten an der Old Dominion University (Norfolk), die ein Experiment mit geistig schwerbehinderten Kindern durchführten: Die Hälfte der Kinder erhielt dreimal täglich eine Dosis von 11 Vitaminen, angereichert mit Spurenelementen, und die andere Hälfte Scheintabletten (Placebos). Nach 4 Monaten war der Intelligenzquotient der mit Vitaminen behandelten Kinder um durchschnittlich 5 Punkte gestiegen, der mit Scheintabletten behandelten aber nur um 1, 1 Punkte.

Vitamin C

Vitamin C hilft u. a. bei Streßbekämpfung und bei der Steuerung der Neurotransmitter (2. Teil, 4. Kapitel) – der Postboten der Gehirnzellen.

Um geistiger Leistungsminderung, namentlich der Vergeßlichkeit, vorzubeugen, bedarf es ausreichender Zufuhr von Askorbinsäure (sprich Vitamin C). Vitamin-C-Quellen sind z. B.:

○ Petersilie   ○ Zitrusfrüchte
○ Paprikaschoten   ○ Kiwi
○ Meerrettich   ○ Melonen
○ Spinat   ○ Erdbeeren
○ Tomaten   ○ Heidelbeeren

○ Brokkoli   ○ Papaya
○ Karotten   ○ Aprikosen
○ Kartoffeln   ○ Avocados
○ Schwarze Johannisbeeren   ○ Ananas
○ Hagebutten

Vitamin B_1 (Aneurin, Thiamin)

Vitamin B_1 hilft den Gehirnzellen bzw. Nervenzellen, ihre Funktionen zu erfüllen, so daß es bei Mangel an Vitamin B_1 z. B. zu Konzentrations- und Merkschwäche bzw. Gedächtnislücken kommt.

Reich an Vitamin B_1 sind z. B.:

○ Getreidekörner   ○ Blumenkohl
○ Weizenkeime   ○ Brokkoli
○ Vollreis   ○ Sonnenblumenkerne
○ Haferflocken   ○ Nüsse
○ Kartoffeln   ○ Bierhefe
○ Sojabohnen   ○ Schweinebraten
○ grüne Erbsen   ○ Hummer
○ Spargel

Vitamin B_2 (Laktoflavin, Riboflavin, Hepatoflavin)

Reich an nervenkräftigendem, streßverringerndem Vitamin B_2 sind z. B.:

○ Milch   ○ Sojabohnen
○ Weizenkeime   ○ Früchte
○ Vollkornbrot   ○ Nüsse
○ Bierhefe   ○ Sonnenblumenkerne
○ Frischgemüse   ○ Mandeln
○ Spinat   ○ Rindfleisch
○ Erbsen   ○ Leber
○ Spargel   ○ Schinken

Vitamin B$_3$ (Nikotinsäureamid, Niazin)

Zerstreutheit, Verwirrtheit, Lernschwierigkeiten und Schwächung der Merkfähigkeit sind u. a. die Folge von B$_3$-Vitaminmangel.

Enthalten ist das Vitamin B$_3$ in den meisten pflanzlichen und tierischen Lebensmitteln. Größere Mengen enthalten:

- O Tofu
- O Bohnen
- O Tomaten
- O Erbsen
- O Hafer
- O Naturreis
- O Gerste
- O Mangos
- O Erdnüsse
- O Kaffee
- O Milch
- O Hefe
- O Leber
- O Puter
- O Thunfisch

Vitamin B$_6$ (Pyridoxin, Adermin, Pyridoxal)

Zur Kräftigung des Nervensystems und für die Erhaltung geistiger Klarheit ist Vitamin B$_6$ unentbehrlich. Folgende Nahrungsmittel enthalten reichlich Vitamin B$_6$:

- O Weizenkeime
- O Naturreis
- O Sojabohnen
- O Tomaten
- O Spinat
- O Bananen
- O Erdnüsse
- O Hefe
- O Milch
- O Leber
- O Schinken
- O Fisch

Vitamin B$_{12}$ (Zyanokobalamin)

Vitamin B$_{12}$ ist erforderlich für die Reifung der roten Blutkörperchen und die Gesunderhaltung des Nervensystems.

Reich an Vitamin B$_{12}$ sind:

- O Roastbeef
- O Schinken
- O Leber
- O Niere
- O Schollenfilet
- O Sardinen
- O Hering
- O Milchprodukte
- O Eier
- O Algen
- O Miso

Die B-Vitamine im besonderen sind enge Verbündete unserer Nerven im Kampf gegen Hektik und Streß.

Vitamin A (Axerophthol)
Das Vitamin A stärkt das Nervensystem.
Reich an Vitamin A sind z. B.:

- Vollmilch
- Joghurt
- Butter
- Eigelb
- Rinderleber
- Lebertran
- Mais
- Chinakohl
- Spinat
- Tomaten
- Paprika (rot)
- Rüben
- Spargel
- Brokkoli
- Erbsen
- Karotten
- Aprikosen
- Pfirsiche
- Pflaumen
- Papaya
- Walnüsse

Vitamin E (Tokopherol)
Vitamin E wirkt an der Sauerstoffversorgung der Zellen mit, spielt also eine wichtige Rolle bei der Erhaltung der Gedächtnisfunktion des Gehirns. Es verlangsamt den altersbedingten Gehirnabbau.
Reich an Vitamin E sind z. B.:

- Getreidekeime
- Sonnenblumenkerne
- Erdnüsse
- Walnüsse
- Mandeln
- Lauch
- Spinat
- Spargel
- Brokkoli
- Kartoffeln
- Birnen
- Äpfel
- Brombeeren
- Hühnereier
- Olivenöl

Vitamin P (Bioflavonoide)
Das P-Vitamin Rutin hilft die Elastizität der Blutgefäße bewahren. Rutin ist enthalten in:

O Zitronen
O Schwarze Johannisbeeren
O Sanddorn

O Paprika
O Buchweizen

Cholin

Der Körper braucht die Substanz Cholin, um Acetylcholin (ACh) herstellen zu können, dem häufigsten Neurotransmitter (vgl. 2. Teil, 4. Kapitel).
Cholinhaltige Nahrungsmittel führen zu merklich reichlicherem ACh-Vorkommen im Gehirn und damit zu signifikanter Verbesserung der Hirnleistung (um 25 %, wie amerikanische Forscher ausgerechnet haben).
Cholin ist enthalten in:

O Lezithin
O Eidotter
O Avocadofrucht

O Getreide
O Gemüse
O Fisch

In Lernperioden, vor Prüfungen oder Konferenzen und überall, wo starke geistige Anforderungen gestellt werden, lohnt es sich, Cholin zu sich zu nehmen, sei es als Lebensmittelbestandteil oder als reines Lezithin (in Apotheken und Reformhäusern erhältlich).

Kurz und bündig: Zur Stärkung der Gedächtnisleistung und der geistigen Fitneß ist eine Diät anzuraten, die reich an Cholin ist, dem Grundstoff für das hochwichtige Acetylcholin, das einen leistungsfähigen ›Postdienst‹ des Gehirns sicherstellt.

Eiweiß

Aus Aminosäuren aufgebaute Verbindungen werden Eiweißstoffe genannt.

»Ihr Gehirn wird fast vollständig von Aminosäuren gesteuert«,
heben Dr. Arthur Winter, Gehirnchirurg, und Ruth Winter, Wis-
senschaftsjournalistin, in ihrem Buch »Brain Food« hervor. Und
sie ergänzen: »Wenn Sie klug sind, haben Sie dies den Aminosäuren zu verdanken. Behandeln Sie sie deshalb mit Respekt.«
Eiweißstoffe sind die Grundbausteine der lebendigen Substanz
und begünstigen die mentale Leistungsfähigkeit. Umgekehrt
blockiert Eiweißmangel die Stoffwechselvorgänge im Gehirn
und somit das Lern-, Denk- und Erinnerungsvermögen.

Phenylalanin
Phenylalanin ist eine Aminosäure, die der Körper zur Bildung des
Neurotransmitters Noradrenalin (2. Teil, 4. Kapitel) heranzieht,
einen Botenstoff, den wir brauchen, um geistig beweglich zu sein
und Gedächtnisinhalte abrufen zu können. Kommt vor in:

○ Eiern   ○ Leber
○ Milch   ○ Kartoffeln
○ Schmelzkäse   ○ Sojamehl
○ Schokolade   ○ Pumpernickel
○ Huhn   ○ Naturreis
○ Rind   ○ Nudeln

Tryptophan
Die Aminosäure Tryptophan ist ein Baustein des beruhigend wir-
kenden Neurotransmitters Serotonin (2. Teil, 4. Kapitel). Tryptophan ist u. a. bei Lernstörungen und Konzentrationsschwierigkeiten von Schülern hilfreich. Trypthophanmangel in der Nahrung kann zu Gehirnstörungen führen. Tryptophan kommt
beispielsweise in folgenden Nahrungsmitteln vor:

○ Erdnüsse, Erdnußbutter   ○ Haferflocken
○ Mandeln   ○ Eidotter

○ Grüne Bohnen   ○ Rind
○ Bananen   ○ Lamm

Nukleinsäure
Ribonukleinsäure (RNS) ist an allen Lernprozessen beteiligt.
Reich an RNS sind:

○ Linsen   ○ Sardinen
○ Erbsen   ○ Sardellen
○ Kleine weiße Bohnen   ○ Lachs

Phosphor
Phosphor ist unentbehrlich für eine ungestörte Nachrichtenübermittlung im Gehirn. Er erhöht die Lern- und Merkfähigkeit. Daher sind phosphorhaltige Nahrungsmittel eine optimale Gehirn-
nahrung, z. B.:

○ Zwiebel   ○ Kakao   ○ Mandeln   ○ Käse
○ Erbsen   ○ Aprikosen   ○ Milch   ○ Fisch
○ Tofu   ○ Nüsse   ○ Joghurt   ○ Ölsardinen

Den aufmerksamen Lesern ist aufgefallen, daß bestimmte Lebensmittel in einer Hinsicht günstig, in anderer Hinsicht aber
schädlich für unsere Kopfarbeit sind. Daraus leitet sich die Le-
bensregel ab, sich nicht einseitig, sondern ausgewogen und ab-
wechslungsreich zu ernähren – und maßvoll. Machen Sie Mo-
dediäten nicht mit!

Niemand hat die Weisheit mit Löffeln gefressen, aber: Wer Fett
(besonders tierische und andere gesättigte Fettsäuren), Cholesterin und Salz einschränkt, dagegen Produkte aus Vollkornge-
treide, frisches Gemüse und frische Früchte herzhaft genießt, lebt
nicht nur gesund, sondern fördert zudem seine geistige Leistungsfähigkeit.

Nicht nur Ginseng und Ginkgo

Heilkräuter gegen geistigen Abbau

Wenn gegen alles ein Kraut gewachsen ist, brauchen wir nur die Herrgotts-Apotheke mit ihren heilkräftigen Schätzen nach Pflanzen zu durchstöbern, die der Schöpfer gegen Vergeßlichkeit, Konzentrationsschwäche und geistigen Abbau wachsen läßt.
Unsere Erde spendet Heilpflanzen zur Verbesserung der geistigen Fitneß in Hülle und Fülle.

Ginseng
Die Allheilwurzel Asiens – Ginseng – ist in der orientalischen Heilkunst der regenerierende und revitalisierende Energiespender schlechthin: für Geist und Körper.
In der »Königin der Pflanzen« schlummern Kräfte, die Wachheit, Wahrnehmungsfähigkeit, Sehschärfe, Lernfähigkeit, Konzentrationsvermögen, Gedächtnis, Verstand, Reaktionsgeschwindigkeit und Koordinationsfähigkeit verbessern, ebenso das Durchhaltevermögen in extremer Streßbelastung.
Ginseng-Fertigpräparate (Pulver, Kapseln etc.) zur Erhöhung der geistigen Spannkraft sind in der Apotheke erhältlich.

Ginkgo
Die fächerförmigen Blätter des Ginkgobaumes bieten Heilstoffe, die arteriosklerotische Blockaden im Gehirn beseitigen und die Gehirndurchblutung fördern, also Gedächtnisprobleme, Kon-

zentrationsschwäche, Zerstreutheit, Wortschatzschrumpfung, Teilnahmslosigkeit und geistige Ausfälle überwinden helfen.

In Experimenten wurde nachgewiesen, daß Ginkgo-Präparate die Lernleistung von Schülern beträchtlich steigern.

Der Ginkgo-Baum ist der älteste Baum der Erde: der 200 Millionen Jahre alte Urbaum. Im Fernen Osten, namentlich in China und in Japan, wird er als heiliger Tempelbaum verehrt. In Europa ist er ein Parkbaum.

Die Holländer brachten ihn im 18. Jahrhundert aus den Tempelgärten Ostasiens als Zierbaum zu uns, obwohl er vor der Eiszeit auch in Europa schon heimisch gewesen war.

Was den Ginkgobaum besonders auszeichnet, ist seine Unempfindlichkeit gegen Umweltgifte im Boden und in der Luft. Sogar die Atombombenexplosion in Hiroshima verkraftete er als einzige Pflanze.

Heilkundige empfehlen Ginkgo-Präparate (z. B. Kapseln) zur Regeneration der Gehirnzellen bzw. zur Steigerung der Denkleistung und überhaupt der geistigen Fitneß.

Walnuß

Die Walnuß erinnert in ihrer Form an beide Hälften des Großhirns. Nach der sogenannten Signaturenlehre – derzufolge ins Augen springende Zeichen einer Pflanze auf ihre Heilwirkung schließen lassen – ist also die Walnuß ein klassisches Beispiel für eine hirnbelebende Arznei.

Selbst wenn wir aber die Signaturenlehre beiseite lassen, bleibt die heilkundliche Erfahrung bestehen, daß die Walnuß – die königliche Eichel Jupiters (Zeus) – ein Gehirntonikum ist: Also Intelligenz sowie Denk-, Urteils-, Lern- und Merkvermögen fördert und Selbstvertrauen und positive Lebenseinstellung festigt.

Bei geistiger Arbeit ist also reichlicher Walnußkonsum eine willkommene Kraftquelle.

Knoblauch

Als *mahuschuda* bei den alten Indern, als *schumin* bei den Juden des Alten Testaments, als *skordon* bei den antiken Griechen und als *allium* bei den Römern: Knoblauch wurde rund um die Erde als Lebenselixier empfohlen.

Knoblauch ist lebensverlängernd, weil er dem eigentlichen Altmacher, der Arteriosklerose, entgegenwirkt. Er senkt nämlich den Fett- bzw. Cholesterinspiegel im Blut.

Mit Knoblauch beugen wir also der Gehirnsklerose vor, so daß eine gute Hirndurchblutung gewährleistet ist – die erste Voraussetzung geistiger Fitneß.

Mit Knoblauch können wir also etwa gegen lückenhaftes Gedächtnis und Konzentrationsschwäche vorgehen.

Empfohlen werden:
- täglich 1 Zehe
- oder täglich 10 bis 15 Tropfen Knoblauchtinktur. (Zur Herstellung setzen wir 250 g zerschnittene Knoblauchzehen in 1 l Branntwein an und stellen die Flasche 2 Wochen in die Sonne)
- oder täglich mehrmals 1 Teelöffel Knoblauchsaft
- Knoblauch ist in Apotheken in Form von Pulver und Öl erhältlich.

Bärlauch

Selbst bei fortgeschrittener Arterienverengung und -verhärtung bzw. Gehirnverkalkung infolge Fehlernährung und Streß soll Bärlauch noch gute Dienste leisten (Stärkung der Merkfähigkeit).

Empfohlen werden:
- 4mal täglich 10 Tropfen Bärlauch-Essenz.
  (Zur Herstellung der Essenz setzen wir zerschnittene Blätter und Zwiebel des Bärlauchs in Branntwein an und stellen die Flasche 2 Wochen in die Wärme.)

Ehrenpreis

»Heil aller Schäden« heißt der Ehrenpreis mit einem Beinamen. Schon im »Kreutterbuch« des Hieronymus Bock (Straßburg 1577) ist über den Ehrenpreis zu lesen: »bringt gut gedechtnus«. Bis heute schwört die Kräuterheilkunde auf Ehrenpreis, wenn das Gedächtnis nachläßt. Zudem hilft der Ehrenpreis, Streß in Schach zu halten.

Ehrenpreis führen wir in Form von Tee zu: ½ bis 1 Teelöffel für 1 Tasse. Mit heißem Wasser aufbrühen, eine halbe Minute ziehen lassen.

Kalmus

Die Volksheilkunde des Westens wie des Ostens sagt dem Kalmus gedächtniskräftigende und nervenstärkende Wirkung nach. Schon die alten indischen Rishis (Propheten) in vorchristlicher Zeit priesen Kalmus als Verjüngungsmittel für das Gehirn, und die altindische Medizin Ayurveda (Wissenschaft des Lebens) verordnet den reinigenden und vitalisierenden Kalmus zur Verbesserung der Hirndurchblutung, zur Schärfung der Sensibilität, zur Stärkung des Gedächtnisses und zur Steigerung der Bewußtheit.

Der bekannte österreichische Kräuterpfarrer Hermann Josef Weidinger notiert in unseren Tagen: »Kalmustee wirkt gedächtnisstärkend und ist vor allem der studierenden Jugend, aber auch alten Menschen zu empfehlen.«

Verwendeter Pflanzenteil ist die Wurzel.

Tee: 1 Teelöffel der feingeschnittenen Wurzel für 1 Tasse. Mit heißem Wasser überbrühen, 5 Minuten ziehen lassen.

Kaltansatz: 1 Teelöffel der feingeschnittenen Wurzel in ¼ l kaltem Wasser ansetzen. Nach 8 Stunden abseihen.

Tinktur: 25 Tropfen der in der Apotheke erhältlichen Tinctura calami.

– Abkochung mit Milch.

– Pulver: 3 bis 5 g.

– Kalmusbäder: beleben den Geist (daher nicht vor dem Schlafengehen).

Faulbaum

Die Rinde des Faulbaums begünstigt die Gehirndurchblutung, das heißt die Versorgung der Gehirnzellen mit Sauerstoff und Nährstoffen.
– Faumbaumrinden-Wein: Täglich ⅛ l. (Zur Herstellung des Hausmittels bringen wir 3 g der Rinde in ¼ l naturreinem Apfelwein zum Kochen. Gleich abseihen).

Melisse

Die einerseits beruhigende und entkrampfende und anderseits anregende, belebende und erfrischende – alles in allem ausgleichende – Melisse ist Balsam für zerrüttete Nerven.
Für geistige Fitneß sorgt Melisse, indem sie Unruhe, Streß, Fahrigkeit, Konzentrationsstörungen und geistige Abgespanntheit bekämpft.
Die Volksmedizin traut der Melisse vor allem die Stärkung des Gedächtnisses und des Denkvermögens zu.
Tee: 3 Tassen täglich. 2 Teelöffel zerkleinerter Melissenblätter für 1 Tasse kochenden Wassers, 10 Minuten ziehen lassen.
Melissengeist: 2mal täglich 1 Teelöffel Melissengeist mit 2 Teelöffel Wasser vermischt einnehmen.
Melissenwein: Melissenblätter in Weißwein 5 Minuten kochen.
– Melissenöl.

Weißdorn

Ein wirksames heimisches Antisklerotikum (Mittel gegen »Verkalkung«) ist der Weißdorn, der bei Streßbelastung, wenn wir uns »ausgelaugt« fühlen, wie eine Energiespritze wirkt und Gedächtnislücken schließen soll.
Verwendung in Form von:
Tee: 3mal täglich 1 Tasse. 2 Teelöffel Weißdornblüten für 1 Tasse kochendes Wasser, 15 bis 20 Minuten ziehen lassen.
Kaltauszug: 2 Tassen täglich. Ein gehäufter Eßlöffel Weißdorn (Blätter, Blüten und Beeren) in 1 Tasse mit kaltem Wasser ansetzen. Nach 12 Stunden abseihen.

Weißdornessenz: 5 bis 10 Tropfen täglich. (Zur Herstellung setzen wir Blüten und Beeren in Branntwein an und stellen die Flasche 2 Wochen in die Wärme).

Rosmarin

Gegen Gedächtnisschwäche und geistige Erschöpfung hilft Rosmarin, der schon bei den alten Griechen, Römern und Germanen den Ruf hatte, den Geist frisch zu halten.

Im 1543 in Basel erschienenen »New Kreuterbuch« von Leonhart Fuchs lesen wir: »Rosmarin stärkt das Hirn und allerlei Sinne, in Sonderheit das Gedächtnis. Bringt wieder die Sprache.«

Tee: 2 bis 3 Tassen täglich, nicht mehr! 1 Teelöffel Blätter für 1 Tasse.

Rosmarinwein: 3mal täglich ein Gläschen. (Zur Herstellung 70 g Rosmarinblätter in 1 l Weißwein 4 Tage ziehen lassen, filtrieren).

Rosmarinbad, morgens: 50 g des getrockneten Rosmarins in 1 l Wasser aufkochen lassen, Absud ins Badewasser. Oder Sie verwenden Rosmarinöl aus der Apotheke als Badezusatz.

Grüner Tee

Der in China, Japan und Korea bevorzugte grüne (= unfermentierte) Tee – der bei uns in Spezialgeschäften erhältlich ist – unterstützt nach asiatischer Erfahrungsheilkunde klares Denken: Er fördert die Wachheit, schärft die Wachsamkeit und bessert überdies das Sehvermögen. Grüner Tee war im Fernen Osten ursprünglich das Getränk der Weisen und der Denker.

Daß Arteriosklerose bei Chinesen selten vorkommt, mag mit dem Genuß des grünen Tees zusammenhängen.

– Den Tee (1 Teelöffel für 1 Tasse) mit siedendem Wasser überbrühen und 3 oder 4 Minuten ziehen lassen.

Kardamom

Das indische Gewürz Kardamom hilft nach der ayurvedischen Gesundheitslehre gegen Gedächtnis-, Konzentrations- und Koordinationsschwäche sowie gegen Verwirrtheit. Es regt alles in allem den Geist an.

– Tee.
– Eine Kapsel zerstoßenen Samen mit Milch einnehmen.
– Oder Abkochung in Milch.

Johanniskraut

Gegen Konzentrationsschwäche bei geistiger und seelischer Überanstrengung und Antriebslosigkeit ist das Johanniskraut gewachsen. Johanniskraut hellt zudem düstere Stimmung auf.
Tee: Täglich 2mal 1 Tasse. 2 Teelöffel des zerkleinerten Krauts für 1 Tasse Wasser, aufbrühen, 10 Minuten ziehen lassen.

Mistel

Damit sich das Cholesterin nicht an den Gefäßwänden anlagert und dadurch Verkalkung nach sich zieht, empfehlen die Kräuterkundigen ferner die Mistel, die zudem den Arbeitseifer erhöht bzw. dem Leistungsabfall Einhalt gebietet.
Kaltauszug: Tagsüber kleine Portionen in Fruchtsaft verdünnt trinken. 6 Teelöffel Mistel in ½ l kaltem Wasser ansetzen (Tagesration). Nach 8 Stunden kräftig schütteln und absieben.
Mistelpulver: 2 bis 3 Teelöffel pro Tag (oder jeweils 1 Messerspitze zu den Mahlzeiten).

Noch andere Fitneß-Spender

Die bisher herausgegriffenen 15 Pflanzen sind nicht die einzigen, die uns helfen, geistig voll dazusein. Stichwort: Hirndurchblutung. Um der Verengung und Verhärtung der Gehirnarterien vorzubeugen und verkalkte Adern, die den Blutstrom einengen, zu reinigen, bieten sich u. a. noch folgende Heilpflanzen an:
Apfel, Arnika, Artischocke, Bärlapp, Birke, Salbei, Bohnenkraut, Brennessel, Erdrauch, Estragon, Frauenmantel, Gänsefingerkraut/Anserine, Geißblatt, Hafer, Heidelbeere, Hirtentäschelkraut, Ingwer, Löwenzahn, Meisterwurz, Mungbohne, Salbei, Sanddorn, Schachtelhalm (Zinnkraut), Schafgarbe, Sojabohne, Sonnenblume, Stiefmütterchen, Süßholz, Vollkorn (samt Kleie, Zwiebel

Weisheit der vier Götter

Fingerdruck für geistige Fitneß

Akupressur

Nach der seit Tausenden Jahren bewährten chinesischen Energie-
lehre fließt die Lebensenergie (Qi) in Leitbahnen, Meridiane genannt, durch den Körper. Über bestimmte auf der Haut liegende
Reizpunkte entlang der Meridiane können wir die Energiezirku-
lation im Organismus beeinflussen und dadurch die Funktionen
der inneren Organe anregen, beruhigen oder harmonisieren.
Wir brauchen dazu nur die entsprechenden Energiepunkte mit
dem Daumen oder Zeigefinger zu drücken, 3 bis 15 Sekunden
lang, mehrmals hintereinander, täglich maximal eine Viertelstunde.
Per »Knopfdruck« – durch Pressen des jeweiligen Gesundheits-
punktes auf der linken und auf der rechten Körperhälfte – können wir unsere geistige Fitneß steigern. Wir können durch die
Punktmassage beispielsweise das Übel der Vergeßlichkeit, das
Schulkinder wie Senioren heimzusuchen pflegt, niederhalten und
uns der Konzentrationsschwäche, der Zerstreutheit und der Geistesabwesenheit erwehren, indem wir die Blutzirkulation im
Kopf beleben und die Großhirnrinde anregen.
Meridianpunkte, die die Sammlung, Geistesgegenwart, Denkkraft und Merkfähigkeit fördern (vgl. Abb. Seiten 158–161):
● *Shaohai* (Herzmeridian-Punkt 3): am kleinfingerseitigen Ende
der Ellenbogenfalte.
● *Shenmen* (Herzmeridian-Punkt 7): am Handgelenk innen, auf
der Seite des kleinen Fingers.

● *Tianzhu* (Blasenmeridian-Punkt 10): jeweils an der Außenseite der großen Nackenmuskeln, knapp oberhalb des Haaransatzes.

● *Geshu* (Blasenmeridian-Punkt 17): auf dem Rücken in Höhe zwischen den Dornfortsätzen des dritten und vierten Brustwirbels, zwei Querfinger von der Wirbelsäulenmittellinie entfernt.

● *Ganshu* (Blasenmeridian-Punkt 18): auf dem Rücken in Höhe der Vertiefung zwischen den Dornfortsätzen des neunten und des zehnten Brustwirbels, zwei Querfinger von der Wirbelsäulenmittellinie entfernt.

● *Shenshu* (Blasenmeridian-Punkt 23): zwei Querfinger seitlich der Wirbelsäulenmittellinie in Höhe des Unterrandes des zweiten Lendenwirbeldornfortsatzes.

● *Yongquan* (Nierenmeridian-Punkt 1): auf der Fußsohle zwischen Großzehen- und Kleinzehenballen.

● *Zhubin* (Nierenmeridian-Punkt 9): Fünf Daumenbreit oberhalb des Innenknöchels hinter dem Schienbeinrand.

● *Huangshu* (Nierenmeridian-Punkt 16): einen Kleinfingerbreit seitlich des Nabels.

● *Ximen* (Zirkulationsmeridian-Punkt 4): auf der Innenseite des Unterarms, fünf Daumenbreit oberhalb der Handbeugefalte.

● *Neiguan* (Zirkulationsmeridian-Punkt 6): in der Mitte der Unterarminnenseite, zwei Daumenbreit oberhalb der Handbeugefalte.

● *Zhongchong* (Zirkulationsmeridian-Punkt 9): auf der Mittelfingerkuppe an der zeigefingerseitigen Nagelecke. (Ein anderer Name für den Zirkulationsmeridian ist »Meister des Herzens«.)

● *Waiguan* (Drei-Erwärmer-Meridian-Punkt 5): zwei Daumenbreit oberhalb der Handrückenquerfalte zwischen Elle und Speiche.

● *Fengchi* (Gallenblasenmeridian-Punkt 20): an der Schädelbasis, in der Halsvertiefung zwischen den Ansätzen des Trapezmuskels und des Kopfdrehers.

● *Taichong* (Lebermeridian-Punkt 3): auf dem Fußrücken zwei

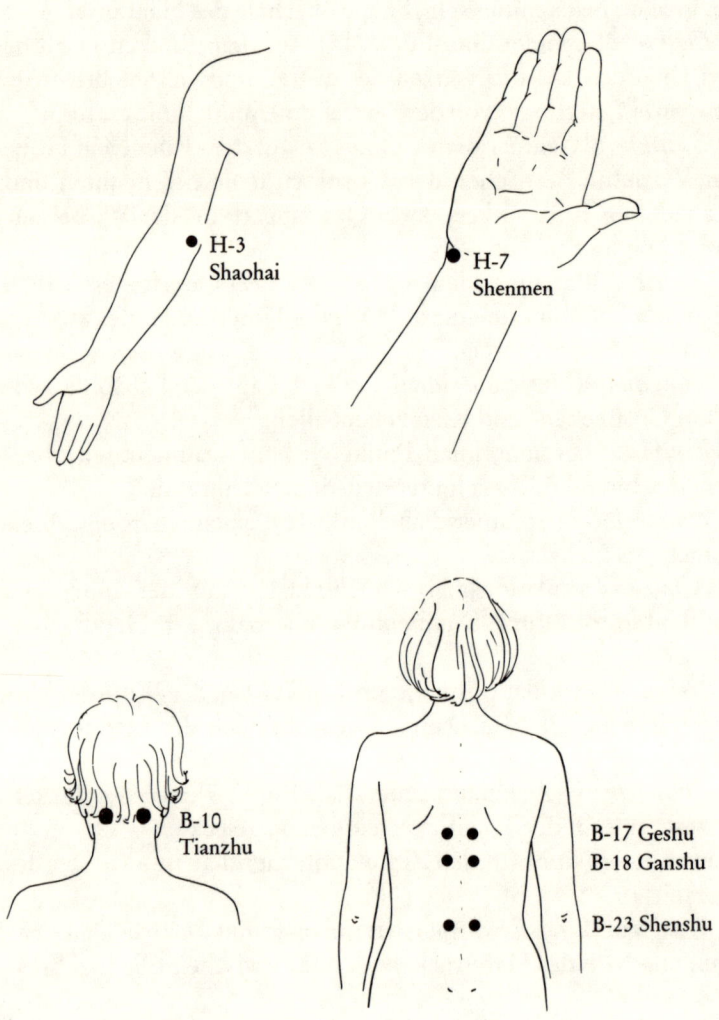

H-3
Shaohai

H-7
Shenmen

B-10
Tianzhu

B-17 Geshu
B-18 Ganshu

B-23 Shenshu

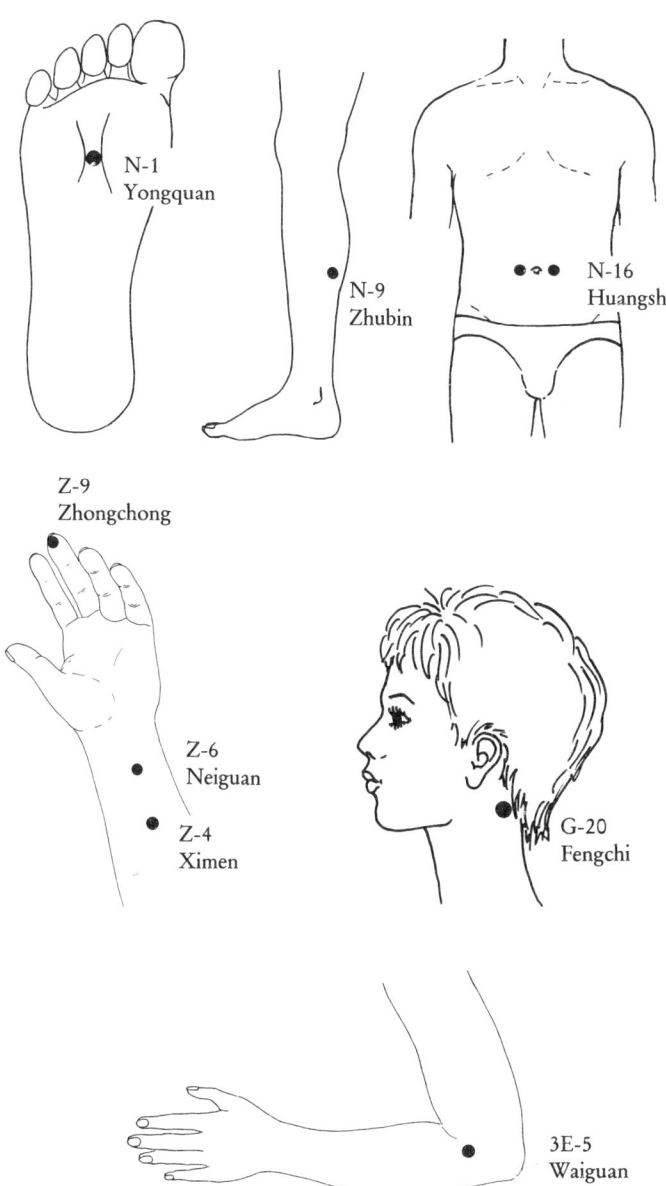

N-1
Yongquan

N-9
Zhubin

N-16
Huangshu

Z-9
Zhongchong

Z-6
Neiguan

Z-4
Ximen

G-20
Fengchi

3E-5
Waiguan

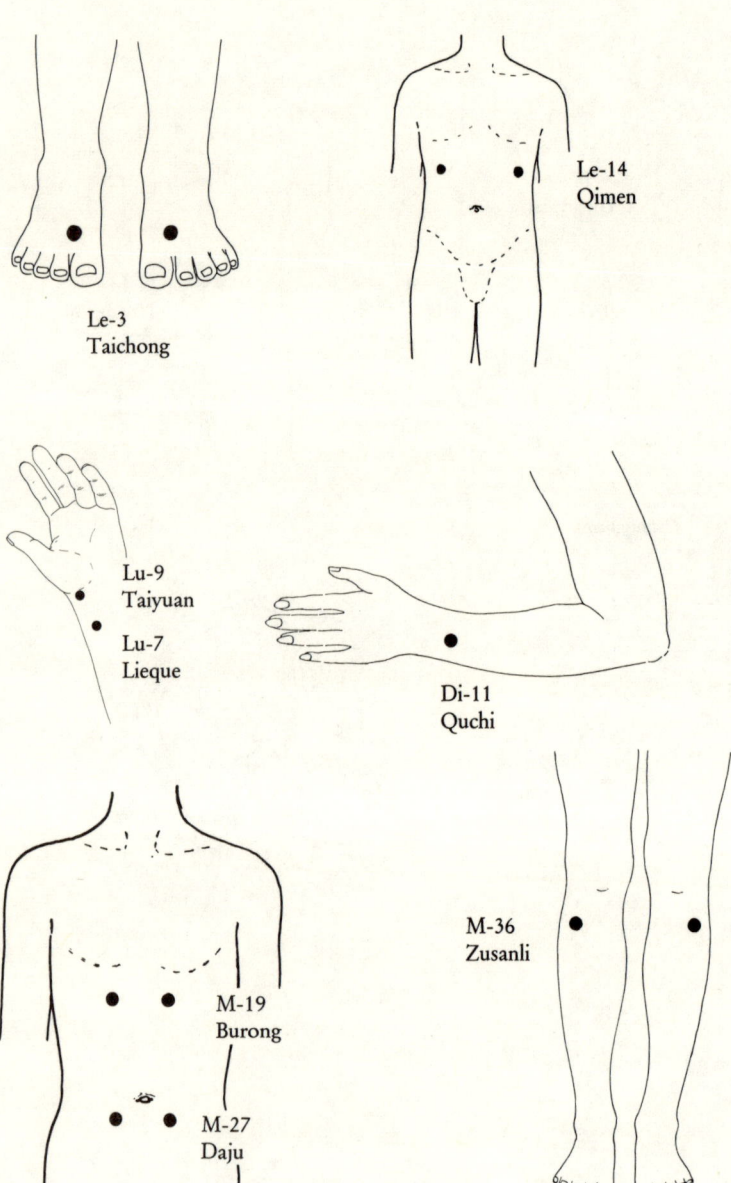

Le-3
Taichong

Le-14
Qimen

Lu-9
Taiyuan

Lu-7
Lieque

Di-11
Quchi

M-19
Burong

M-27
Daju

M-36
Zusanli

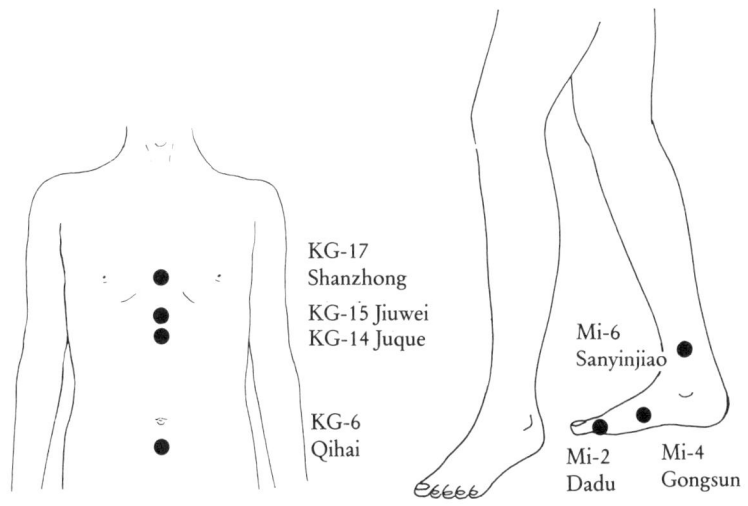

KG-17
Shanzhong

KG-15 Jiuwei
KG-14 Juque

Mi-6
Sanyinjiao

KG-6
Qihai

Mi-2
Dadu

Mi-4
Gongsun

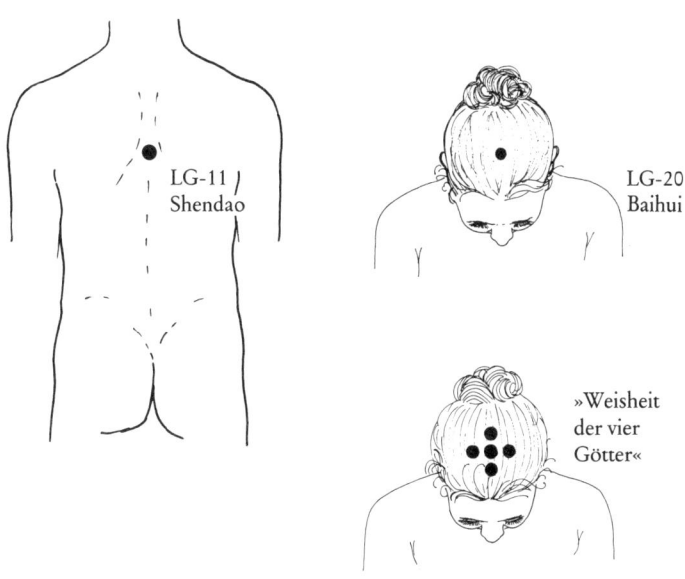

LG-11)
Shendao

LG-20
Baihui

»Weisheit
der vier
Götter«

Daumenbreit oberhalb der Falte zwischen den großen und der zweiten Zehe.

● *Qimen* (Lebermeridian-Punkt 14): senkrecht unter der Brustwarze zwischen 6. und 7. Rippe.

● *Lieque* (Lungenmeridian-Punkt 7): auf der Innenfläche des Unterarms, drei Fingerbreit oberhalb der Handbeugefalte an der Daumenseite.

● *Taiyuan* (Lungenmeridian-Punkt 9): an der Daumenwurzel – an der Innenseite der Sehne, die hervortritt, wenn die Finger gestreckt sind.

● *Quchi* (Dickdarmmeridian-Punkt 11): am Ende der Ellenbogenfalte an der Armaußenseite.

● *Burong* (Magenmeridian-Punkt 19): am Vorderrand der achten Rippe (in Höhe des Zwerchfells).

● *Daju* (Magenmeridian-Punkt 27): zwei Daumenbreit seitlich und unterhalb des Nabels.

● *Zusanli* (Magenmeridian-Punkt 36): Wenn wir die Handinnenfläche auf die Kniescheibe legen, befindet sich der gesuchte Punkt unterhalb der Ringfingerspitze.

● *Dadu* (Milzmeridian-Punkt 2): auf der Fußinnenseite am Großzehenrand.

● *Gongsun* (Milzmeridian-Punkt 4): auf der Fußinnenseite neben dem Ende des ersten Mittelfußknochens.

● *Sanyinjiao* (Milzmeridian-Punkt 6): am Hinterrand des Schienbeins, drei Daumenbreit oberhalb des inneren Knöchels.

● *Qihai* (Konzeptionsgefäß-Punkt 6): in der Bauchmitte, zwei Querfinger unterhalb des Nabels.

● *Juque* (Konzeptionsgefäß-Punkt 14): zwei Daumenbreit unterhalb des unteren Brustbeins.

● *Jiuwei* (Konzeptionsgefäß-Punkt 15): am Zwerchfell bzw. am Ende des Schwertfortsatzes des Brustbeins.

● *Shanzhong* (Konzeptionsgefäß-Punkt 17): in der Mitte zwischen den Brustwarzen auf dem Brustbein.

● *Shendao* (Lenkergefäß-Punkt 11): auf dem Rücken unterhalb des Dornfortsatzes des 5. Brustwirbels.

• *Baihui* (Lenkergefäß-Punkt 20): am höchsten Punkt der Schädelmittellinie.

Die 4 Punkte, die 1½ Querfinger vor, hinter und seitlich vom Baihui auf dem Schädeldach liegen, nennen die Chinesen »Weisheit der vier Götter«: Sie sind ein Schlüssel zu geistiger Fitneß.

Shiatsu ist die japanische Variante der chinesischen Akupressur.

Shi = Finger, atsu = Druck.

Um den Zufluß von frischem Blut in den Kopf und in das Gehirn bzw. eine Erweiterung der Blutgefäße anzuregen, rät Shiatsu u. a.:

1) Drücken und pressen Sie mit den Fingern beider Hände die Schädeldecke, die Schläfen und den Nacken.

2) Ziehen Sie sich an den Ohren! Das heißt: Kneifen und kneten Sie Ihre Ohrläppchen. (In der von dem französischen Arzt Dr. Nogier begründeten Aurikolotherapie – Ohrakupunktur – ist das Ohrläppchen für den gesamten Kopfbereich zuständig.)

Akupressur und Shiatsu helfen uns also, Hirnleistungsschwäche zu überwinden und den Geist zu beflügeln, sei es durch Weckung der Phantasie oder durch Schärfung der Unterscheidungsfähigkeit.

Reflexologie

Es gibt an den Füßen und Händen sogenannte Reflexzonen: Sie entsprechen den Organen, Drüsen, Nerven, Muskeln, kurz jedem Körperteil und jedem Körpersystem.

Begründet hat die moderne Reflexologie und Zonentherapie der amerikanische HNO-Facharzt Dr. William Henry Fitzgerald (1872-1942).

Wenn wir also z. B. die mit dem Gehirn und dem Nervensystem reflektorisch gekoppelten Zonen auf den Füßen und Händen massieren, können wir die Gehirnfunktionen stimulieren und das Nervensystem harmonisieren.

Wir drücken im allgemeinen 20 bis 30 Sekunden auf eine Zone.

Bevorzugtes Werkzeug der Massage ist der Daumen.

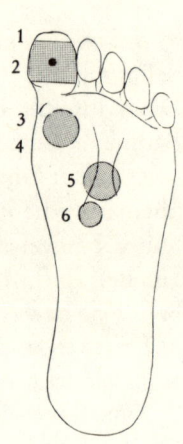

1 Gehirnreflex

2 Hirnanhangdrüsenreflex

3 Schilddrüsenreflex

4 Nebenschilddrüsenreflex

5 Sonnengeflechtsreflex

6 Nebennierenreflex

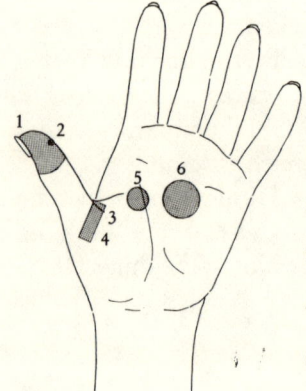

1 Gehirnreflex

2 Hirnanhangdrüsenreflex

3 Schilddrüsenreflex

4 Nebenschilddrüsenreflex

5 Nebennierenreflex

6 Sonnengeflechtsreflex

Gehirnreflex

Handreflexzone des Gehirns: auf beiden Handinnenseiten an der Daumenspitze.

Fußreflexzone des Gehirns: jeweils an der Spitze der großen Zehe.

Wir massieren, drücken, drehen und ziehen also in erster Linie die Großzehen und die Daumen, um unsere geistige Leistung zu steigern.

Die Gehirnreflexzonenmassage unterstützen wir durch die Massage der Reflexe der Hirnanhangdrüse, der Schilddrüse, der Nebenschilddrüse, der Nebennieren und des Sonnengeflechts.

Hirnanhangdrüsenreflex

Die Hirnanhangdrüse spielt als Steuerzentrale des Drüsensystems und des Hormonsystems eine Schlüsselrolle bei der Erhaltung der geistigen Gesundheit.
Handreflexzone der Hirnanhangdrüse: in der Mitte jeder Daumenbeere.
Fußreflexzone der Hirnanhangdrüse: im Zentrum jeder Großzehenbeere.

Schilddrüsenreflex

Unser geistiges und intellektuelles Leben ist mitgeprägt von der Schilddrüse. Ihre Unterfunktion führt beispielsweise zu Gedankenträgheit, Schwerfälligkeit und Behäbigkeit, in schweren Fällen sogar zu Kretinismus. Ihre Überfunktion forciert Hysterie.
Die Harmonisierung der Schilddrüsenfunktion ist also ein Grundstein geistiger Fitneß.
Handreflexzone der Schilddrüse: auf beiden Händen am zeigefingerseitigen Rand der Daumenbasis.
Fußreflexzone der Schilddrüse: auf beiden Fußsohlen unter den Großzehenballen.

Nebenschilddrüsenreflex

Die Hormone der Nebenschilddrüsen gewährleisten ein ausgeglichenes Nervensystem.
Handreflexzone und Fußreflexzone der Nebenschilddrüsen: praktisch an der gleichen Stelle wie Schilddrüsenreflexe.

Nebennierenreflex

Die Hormone der Nebennieren spielen bei der Streßbewältigung eine Hauptrolle. Über den Nebennierenreflex läßt sich zudem die Aufmerksamkeit steigern.
Handreflexzone der Nebennieren: auf beiden Handflächen vor dem Innenrand des Daumenballens, in einer Linie mit dem Zeigefinger.
Fußreflexzone der Nebennieren: auf beiden Fußsohlen an der Basis des Fußballens unterhalb der zweiten Zehe.

Sonnengeflechtsreflex
Das Sonnengeflecht, das »Gehirn des Unterleibs«, ist die zentrale Nervenschaltstelle, zuständig u. a. für Gelassenheit und Entspannung.
Handreflexzone des Sonnengeflechts: jeweils in der Mitte der Handfläche.
Fußreflexzone des Sonnengeflechts: auf beiden Fußsohlen zwischen den Polstern der Fußballen.
Wer daher regelmäßig die Gehirnreflexzonen sowie die Reflexzonen der Hirnanhangdrüse, der Schilddrüse, der Nebenschilddrüsen, der Nebennieren und des Sonnengeflechts bearbeitet, fördert seine geistige Beweglichkeit und Regsamkeit, seine Entscheidungsfreude, seine Reaktionsgeschwindigkeit, seine Vorstellungskraft, seine Lernfähigkeit, sein Denkvermögen, seine Streßkontrolle und seine Gelassenheit.

Praktische Tips

➡ Für die Fußreflexzonentherapie und die Fußakupressur können wir Gesundheits*einlegesohlen mit Magneten* oder *hölzerne Fußroller* zu Hilfe nehmen.
➡ Für die Handreflexzonentherapie und die Handakupressur bieten Gesundheitsgeschäfte chinesische *Akupressur-Ringe* an.
Die Ringe sind aus Naturgummi hergestellt. Wir kneten sie kräftig unter ständiger Drehung. Die Noppen des Ringes besorgen dabei den Massagedruck auf die Punkte und Zonen.
Es gibt Ringe unterschiedlicher Knetstärke: Es bedarf entweder einer Kraft von 10 oder von 15 Kilo, um den Ring platt zu drücken.
3mal täglich 3 Minuten mit dem Ring trainieren, damit die geistige Arbeit flott vorangeht.

Mundatmer sind schwächere Denker

Atmung und Bewegung als Hirntraining

Das A und O der Gehirnleistung ist das »O« oder das Oxygen, sprich: der Sauerstoff. Sauerstoffnot macht sich zuallererst im Gehirn bemerkbar. Eine Mangelversorgung der Gehirnzellen mit Sauerstoff ist der Anfang vom Ende geistiger Fitneß. Auffassungsgabe, Konzentration und Gedächtnis lassen nach. Die Einsatzbereitschaft der Gehirnzellen ist also in erster Linie von der Zufuhr von Sauerstoff – d. h. von der Atmung – abhängig. Richtige Atmung, die das Blut mit Sauerstoff sättigt, ist daher der beste Bundesgenosse im Kampf gegen Gedächtnisstörungen und andere geistige Abbauerscheinungen.

Atemtherapie

Mundatmer sind schwächere Denker als Nasenatmer, die überhaupt lebenstüchtiger sind. Die natürliche Tiefatmung ist gleichsam das Sprungbrett zur geistigen Fitneß.
Im Osten gehören Atmung und Weisheit seit eh und je zusammen: Ein großer Weiser ist in Indien ein »Mahatma«, übersetzt: ein »großer Atem«. Alle gesunden Atemmethoden dienen im Grunde der Steigerung der Auffassungsgabe, der Konzentration,

der Kombinationsfähigkeit, der Gedächtnistreue, der geistigen Flexibilität, der Geistesgegenwart usw.* Wir greifen hier 10 Atemmethoden heraus, die wir bei Lernschwäche, Konzentrationsmangel, Begriffsstutzigkeit (»lange Leitung«), Vergeßlichkeit oder Phantasiearmut einsetzen können.

Volle Wechselatmung
Die »Königsmethode« unter den Atemtechniken, die die »linkshirnigen« wie die »rechtshirnigen« geistigen Leistungen beflügeln, ist die dem indischen Yoga entstammende volle Wechselatmung.

2000 Jahre früher als die moderne naturwissenschaftliche Gehirnforschung hat der Yogaphilosoph Patanjali erfaßt, daß das Atmen durch das linke Nasenloch die Intuition, die Phantasie und die Schöpferkraft fördert, und das Atmen durch das rechte Nasenloch das logische, intellektuelle und analytische Denken.

Das hängt nach neuer medizinwissenschaftlicher Erkenntnis damit zusammen, daß beim Atmen durch das rechte Nasenloch die linke Großhirnhälfte und beim Atmen durch das linke Nasenloch die rechte Großhirnhälfte aktiviert wird.

Die volle Wechselatmung macht sich das zunutze: Sie entfaltet die kreativen wie die kognitiven geistigen Fähigkeiten, und sie schafft einen guten Ausgleich zwischen den beiden Denkarten: der intellektuellen und der emotionalen.

Die volle Wechselatmung besteht also darin, abwechselnd durch das linke und das rechte Nasenloch zu atmen und das andere jeweils mit den Fingern zuzuhalten. Das rechte Nasenloch schließen wir mit dem Daumen der rechten Hand und das linke Nasenloch mit dem Kleinfinger und Ringfinger der rechten Hand. Das Verhältnis zwischen Einatmen, Atemanhalten und Ausatmen beträgt 1:4:2.

---

* Der Heilatmung ist in der Herder-Reihe »Praxis Gesundheit« ein eigener Band gewidmet. Das Buch »Atme dich gesund« von Ernst Stürmer stellt 80 Atemtechniken im Dienst der körperlichen und geistigen Fitneß vor.

Beispiel einer Runde der vollen Wechselatmung:
1)   4 Sekunden einatmen mit dem linken Nasenloch
2) 16 Sekunden den Atem anhalten
3)   8 Sekunden ausatmen mit dem rechten Nasenloch
4)   4 Sekunden einatmen mit dem rechten Nasenloch
5) 16 Sekunden den Atem anhalten
6)   8 Sekunden ausatmen mit dem linken Nasenloch
Und so fort: 10 Runden täglich, wenn wir die volle Wechselatmung einmal beherrschen.

Vorsicht beim Atemanhalten! Oberste Grenze für normale Sterbliche: 5 Sekunden einatmen, 20 Sekunden Atem anhalten, 10 Sekunden ausatmen. Halten Sie aber die Luft nie länger an, als es angenehm ist.

Lautatmung mit »i«
Nach voller, aber müheloser Einatmung durch die Nase atmen wir durch den Mund auf ein langgezogenes »i« aus. 10mal.
Das belebt die Hirntätigkeit und weckt die Phantasie.

Lautatmung mit »kho«
Die chinesische Lautatmung bedient sich der Silbe »kho«, um den Herzmeridian durch Vibration anzuregen und dadurch die Kraft des Geistes und die Kreativität zu entfalten.
Durch die Nase einatmen und durch den Mund auf »kho« ausatmen. 6-, 12- oder 18mal.

Lautatmung mit »m«
Durch die Nase einatmen und durch den Mund »emmmmmmmmmm« singend ausatmen.
Das steigert das Konzentrations- und Denkvermögen.

OM-Atmung

OM ist die heilige Silbe Indiens, und die OM-Atmung ist im Osten die Krone der Lautatmung.

Durch die Nase einatmen und durch den Mund A-O-U-M singend oder summend ausatmen. 8mal.

Das stärkt alle Geisteskräfte.

Lautatmung mit »hu«

Die der chinesischen Heiltradition entspringende Lautatmung mit »hu« schärft den Intellekt.

Durch die Nase einatmen und durch den Mund mit »hu« ausatmen. 6-, 12- oder 18mal.

Lautatmung mit »hsi«

Eine weitere chinesische Lautatmung, die Ausatmung auf »hsi«, erhöht ebenfalls die geistige Leistungsfähigkeit.

Kerze ausblasen

Wir stellen in 1 m Entfernung eine brennende Kerze auf, deren Flamme wir mit unserem tiefen Ausatmen ausblasen. 10mal.

Das steigert die geistige Klarheit und trainiert die Konzentrationskraft und die Erinnerungsfähigkeit.

Duft schnuppern

Wir halten das rechte Nasenloch zu und schnuppern durch das linke Nasenloch den Duft eines ätherischen Öls (vgl. S. 177 ff.).

Durch dasselbe Nasenloch atmen wir nach kurzer Atempause aus. Nasenseite wechseln. 3mal.

Die mit der Aromatherapie verbundene Wechselatmung belebt beide Hälften des Gehirns.

Normale Tiefatmung

Zu guter Letzt die natürliche Tiefatmung: sie betont die Ausatmung. Wir atmen in den Unterleib ein, der sich wölbt, und atmen lang und kräftig aus, so daß sich der Bauch zurückzieht. 6 bis 8 Atemzüge pro Minute.

Die normale Tiefatmung steigert die Sauerstoffzufuhr im Gehirn und legt damit den Grundstein zu optimaler geistiger Leistungsfähigkeit.

Bewegungstherapie

»Wenn du wissen willst, wie kraftlos dein Gehirn ist, fühle deine Beinmuskeln an«, riet ein Wissenschaftler der amerikanischen Harvard-Universität. Denn: Muskelbewegung und Denken sind die zwei Seiten einer Medaille.

Das Gehirn ist unter allen Organen der größte Sauerstoffverbraucher, und der Lieferant des Lebenselementes Sauerstoff ist das Blut. Neben gründlicher Atmung ist daher regelmäßige Bewegung ein Garant der guten Hirndurchblutung.

Körperliche Tätigkeit arbeitet der Gehirnverkalkung entgegen und erhöht die geistige Leistungsfähigkeit.

Stürzen Sie sich aber bitte nicht gleich in einen Wettkampftaumel. Trainieren Sie regelmäßig, aber mäßig.

Schwimmen bis Ballspielen

Ein aufbauendes Training im Schwimmen, Gehen, Treppensteigen, Laufen, Seilspringen, Bergsteigen, Radfahren, Rudern, Skiwandern, Ballspielen usw. hilft Ihnen, die Sauerstoffaufnahme allmählich zu erhöhen – z. B. auf 70 Milliliter Sauerstoff pro Kilogramm Körpergewicht in der Minute, gegenüber 30 Milliliter in untrainiertem Zustand.

Tanzen

Professor Eduard David vom Physiologischen Institut der Stadt Witten empfiehlt den Tanz zum Trainieren der rechten Hirnhälfte, die in Schule und Beruf – wo speziell Logik und Rationalität gefragt sind – vernachlässigt wird.

Also: Training des kreativen Denkens durch rhythmisches Drehen, Hüpfen, Schwingen und Hopsen.

Ritus 1 der Lamas

Die Kreisbewegung besonders trainiert alle Gehirnbereiche durch Stimulierung des Vestibularapparates im Innenohr und des Kleinhirns. Sich um sich selber drehen wie ein Kreisel – das bewirkt eine Aktivierung der elektrischen und chemischen Prozesse des Gehirns und demnach eine Erhöhung der Lern- und Koordinationsfähigkeit. Nach David Graham, einem kanadischen Elektronik-Ingenieur und Gehirnmaschinenerfinder, und anderen Wissenschaftlern regt Kreisbewegung sogar das Gehirnwachstum an.

In der östlichen Heilgymnastik ist die Drehung um die eigene Achse uralte Praxis. Die Sufitänzer und Derwische – die Mystiker des Islams –, beispielsweise pflegen den Drehtanz, ebenso die tibetischen Mönche (Lamas).

Der erste der sogenannten »5 tibetischen Riten«, die der geistigen und körperlichen Verjüngung der Lamas dienen, ist einfach zu erlernen: Wir stehen aufrecht und strecken die Arme zur Seite aus. Dann drehen wir uns im Uhrzeigersinn – also von links nach rechts. Als Anfänger sind wir nach 3 Umdrehungen schon schwindlig und hören daher auf. Wir üben täglich morgens und abends. Woche für Woche erhöhen wir aber unsere Drehgeschwindigkeit, ebenso die Zahl der Drehungen um 2, bis wir uns nach 10 Wochen 21mal ohne Schwindel schnell drehen können. Das aktiviert den Energiefluß der Kopfzentren.

Kugeln der Lebenskraft

Japanische Naturwissenschaftler, die die Beziehungen zwischen Hand und Hirn erforschten, kamen zu dem Ergebnis, daß das Training der Fingerfertigkeit gleichzeitig die Intelligenz entfaltet. Das ist also die wissenschaftliche Bestätigung eines alten chinesischen Sprichworts: »Gescheit und geschickt sind ein Paar Schuhe«.

Die einfachste Methode, durch die Fingerfertigkeit die mentale Leistungsfähigkeit zu entwickeln, ist, mit einem Paar der aus China stammenden Gesundheitskugeln zu hantieren.

Die im Handel erhältlichen Chinakugeln bewegen wir kreisend in der Handinnenfläche herum, abwechselnd in der rechten und in der linken Hand, einmal im Uhrzeigersinn und einmal gegen den Uhrzeigersinn. Das ist eine billige Methode, geistig fit zu bleiben.*

Yoga

Yoga ist nicht nur ein tiefgründiges philosophisches System, sondern gleichzeitig ein erprobtes System der Gesundheitspflege. Speziell der Zweig Hatha-Yoga bietet heilsame Techniken für Leib, Seele und Geist.

Folgende 5 Asanas (Körperstellungen) sind nach dem Urteil erfahrener Yogameister besonders hilfreich zur Stärkung des Gedächtnisses und der Konzentrationsfähigkeit sowie zur Belebung der Denkkraft:

1. Kerze

Wir liegen mit geschlossenen Beinen flach auf dem Rücken. Langsam erheben wir die Beine mit gestreckten Knien, die Hüfte und den Rumpf. Den Rücken stützen wir mit den Händen. Schließlich ruht der Körper senkrecht auf den Schultern. Täglich 1 Minute.

2. Rad

Wir liegen flach auf dem Rücken. Auf die Fußsohlen und Handflächen gestützt, heben wir den Körper in Radform vom Boden ab. Täglich 15 Sekunden.

3. Rückenstreckhaltung

Wir sitzen mit aufrechtem Oberkörper und ausgestreckten geschlossenen Beinen auf dem Boden. Wir erheben die Arme und beugen den Oberkörper vor, bis die Stirn die Knie berührt. Die Hände ergreifen die Füße. Täglich 15 Sekunden.

---

* Ausführlich beschrieben ist das Spiel mit den Schatzkugeln Chinas in dem Band: Ernst Stürmer, »Gesundheit in unserer Hand«, Herder-Reihe »Praxis Gesundheit«.

Kerze

Rad

Rückenstreckhaltung

Diamant

Kopfstand

4. *Diamant*
Wir knien und setzen uns zurück auf die Fersen. Der Oberkörper
ist kerzengerade. Die Hände ruhen auf den Knien.
Täglich 5 Minuten.
Die Übung dient der Erholung der Nerven und der geistigen
Sammlung.
5. *Kopfstand*
Kniend beugen wir den Kopf bis auf den Boden. Den Hinterkopf
legen wir in die von den verschränkten Händen geformten
Mulde. Langsam heben wir die Beine vom Boden und strecken
sie.
Täglich 1 Minute.
Der Kopfstand ist die ideale Yogastellung, um die Blutzirkula-
tion im Kopf zu beleben und die Großhirnrinde anzuregen.
Behutsam vorgehen! Es kann Monate dauern, bis wir den Kopf-
stand meistern. Für Senioren und Patienten mit hohem Blutdruck, Kreislaufbeschwerden und Herzfehlern ist der Kopfstand
allerdings gefährlich.

Düfte und Farben

Esoterische Heilpraktiken für Geist und Seele

»Die Ärzte könnten, wie ich meine, die Düfte mit größerem Nutzen und Vorteil einsetzen, als dies tatsächlich geschieht«, riet einst der französische Moralphilosoph und Essayist Michel Montaigne (1533–1592). »Ich habe selbst oft wahrgenommen, daß Wohlgerüche je nach Art und Stärke meinen Geist verändern, bewegen und einen sonderbaren Einfluß auf mich ausüben. Ich stimme daher der allgemeinen Ansicht zu, daß die Verwendung von Räucherwerk und Wohlgeruch in den Kirchen, die bei allen Völkern und Religionen seit jeher gang und gäbe ist, in Zusammenhang mit ihrer erquickenden und tröstlichen Wirkung zu sehen ist, mit ihrer Eigenschaft, die Sinne zu schärfen, zu erheben, zu reinigen.«

Aromatherapie: Die Sache selbst ist uralt, der Name stammt aus dem 20. Jahrhundert.

Der Umgang mit Düften zu Heilzwecken war den alten Kulturen vertraut, den Ägyptern, Chinesen, Indern, Griechen, Kelten, Römern, Arabern, Azteken, Inkas usw. Die Kreuzritter brachten im 12. Jahrhundert die Wohlgerüche des Morgenlandes in das Abendland: Das verlorengegangene Wissen um die Heilkraft der Düfte wurde wiederentdeckt. Bei uns hüteten zunächst Mönche und Nonnen in den mittelalterlichen Klöstern die Kunst, mit Aromen Gesundheit und Wohlbefinden zu beeinflussen.

Aromatherapie

Begründer der modernen Aromatherapie ist der französische Chemiker René-Maurice Gattefossé, der zu Beginn unseres Jahrhunderts die Heilwirkung ätherischer Öle erforschte.
Die Aromatherapie, ein Zweig der Pflanzenheilkunde, wird in der Regel zur Ergänzung und Unterstützung anderer Behandlungsformen herangezogen. Ihre Stärke liegt gerade auf der mentalen Ebene der Fitneß: in der Stabilisierung des inneren Gleichgewichts, in der Hebung der Stimmung und in der Klärung und Stärkung des Geistes.
Inzwischen haben naturwissenschaftliche Experimente und Tests das intuitive Wissen unserer Vorfahren bestätigt: Düfte beeinflussen geistige Vorgänge. Aromaöle können zum Beispiel verschiedene Gehirn- und Nervenchemikalien freisetzen (wie Endorphine, Adrenalin, Noradrenalin, Encephaline) und ebenso die am EEG (Gehirnstrombild) abzulesende und geistige Prozesse prägende Hirnwellentätigkeit verlangsamen oder beschleunigen. (Über die chemischen und elektrischen Vorgänge im Gehirn: 4. Kapitel des 2. Teils.)

Duftlampe und andere Möglichkeiten

Was sind ätherische Öle oder Duftöle, auf die sich die Aromatherapie stützt? Sie sind – poetisch ausgedrückt – die Seele, der Geist, die Persönlichkeit einer Pflanze. In der Wissenschaftssprache: die »Essenz« einer Pflanze. »Ätherisch« werden die Pflanzenessenzen genannt, weil sie sich leicht verflüchtigen: also rasch verdunsten.
Es gibt vier Möglichkeiten, sich die Naturschätze der Essenzen zunutze zu machen:

1. Duftlampe
5 bis 15 Tropfen Öl für eine Wasserfüllung. Das ist eine Art, die Duftbotschaft mit dem Geruchsinn aufzunehmen. Duftlampen aus Keramik sind in allen Formen, Farben und Glasuren in Apotheken, Drogerien, Naturkostläden, Reformhäusern erhältlich.

2. Bad und Massage
Wenn die ätherischen Öle zum Einmassieren oder als Badezusatz verwendet werden, gelangen sie über die Haut ins Körperinnere bzw. in den Blutkreislauf.
Da sich ätherische Öle nicht mit Wasser mischen, bedienen wir uns in der Badewanne sogenannter Emulgatoren als Mischhilfe (z. B. Honig oder Milch). Bei der Massage werden Duftöltropfen mit Hilfe von Trägerölen – pflanzlichen Ölen, z. B. Sojaöl, Mandelöl oder Sonnenblumenöl – auf die Haut aufgetragen.

3. Inhalation: mit Wasserdampf oder trocken
Einatmen können wir die Wohlgerüche der Essenzen nicht nur mittels einer Duftlampe, sondern ebenso mittels eines Inhalationsgerätes (1 Tropfen Öl genügt) oder eines Luftbefeuchters.
Bei der trockenen Inhalation träufeln wir ein paar Tropfen Öl auf ein Taschentuch oder einen Wattebausch und schnuppern das Aroma ein. Besonders für unterwegs ist die trockene Inhalation die geeignetste Methode.

4. Innerliche Anwendung
Nicht alle ätherischen Öle eignen sich zur innerlichen Einnahme und andere – aggressive – nur in streng vorgeschriebener Verdünnung. Möglichkeit 4 sollte also nicht ohne einen befugten Therapeuten erwogen werden.

Eine Duftlampe sollte am Arbeitsplatz bzw. im Büro jedenfalls nicht fehlen: zur Erquickung des Geistes und zur Förderung der Hirnleistung.

Kompaß für Duftliebhaber

Eine erste Orientierungshilfe – wenn Sie die Wunderwelt der Düfte entdecken wollen – bietet die anschließende Übersicht, die auf Düfte hinweist, die das Gehirn in Schwung bringen. (Die mit *** versehenen sind die 3 klassischen »kopfwirksamen« Aromen.)

Anis
Der süß-würzige, an Lakritze erinnernde Duft des Anisöls hebt die Stimmung, erleichtert das Verstehen und fördert die geistige Wendigkeit. Nur gelegentlich in nicht hoher Dosierung verwenden.

Basilikum ***
Der intensive, würzige, erfrischende Duft des Basilikumöls gilt als bestes Nerventonikum. Er muntert auf und hilft geistige Erschöpfung überwinden und Streß bewältigen. Dem Geist verleiht er Riesenkraft: davon profitieren u. a. die Konzentrationsfähigkeit, das Gedächtnis und die Intelligenz. Basilikum macht alles in allem den Kopf klar.

Benzoe
Der süßliche, sirupartige, an Vanille erinnernde Duft des Benzoe-Öls stimuliert die geistigen Fähigkeiten im allgemeinen und stärkt die Auffassungsgabe im besonderen. Im übrigen schafft er, wie es einmal eine Duftexpertin namens Maury formuliert hat, »eine wattierte Zone zwischen uns und den Ereignissen«.

Bergamotte
Der frische, zitrusartige, warme, blumige Duft des Bergamotte-Öls löst Angst, hebt die Stimmung und stärkt das Selbstvertrauen, weil er die Lebensenergie anregt. Besonders bei Konzentrationsmangel angezeigt!

Bohnenkraut

Der würzige, pfefferartige, strenge, lederartige Duft des Bohnenkrautöls entspannt die Nerven, harmonisiert das Gemüt und stimuliert das Hirn, ist also bei allen geistigen, intellektuellen Aktivitäten hilfreich.

Eisenkraut

Der frische, würzige, zitronenartige Duft des Eisenkrautöls animiert bei Antriebslosigkeit. Er unterstützt das Konzentrationsvermögen und beflügelt die Kombinationsfähigkeit.

Eukalyptus

Der kräftige, scharfe, durchdringende, kampferartige Duft des Eukalyptusöls belebt bei Antriebslosigkeit und geistiger Erschöpfung und empfiehlt sich bei Konzentrationsschwäche.

Ingwer

Der erfrischende, blumige Duft des Ingweröls ist ein Energiespender auf allen Ebenen und steigert die Geisteskräfte.

Iris

Der zarte, veilchenartige Duft des Irisöls weckt und stärkt schöpferische Kräfte, denn er fördert unsere innere Harmonie.

Jasmin

Der süße, schwere, edle, rosenähnliche und exotische Duft des Jasminöls hilft beim Loslassen, d. h., er vermittelt Gelöstheit, eine Stimmung, die die Phantasie und den Erfindergeist anregt. Er ruft Alpha-, Theta- und Deltawellen hervor, die einen entspannten bzw. meditativen Geisteszustand kennzeichnen.
Das Jasminölaroma ist ebenso bei Mangel an Selbstvertrauen und bei Versagensangst angebracht.

Kamille
Der leichte, warme, krautige, an Äpfel erinnernde Duft des Ka-
millenöls beruhigt und stimuliert gleichzeitig unseren Geist. Er ist
nicht nur in Nervenkrisen heilsam, sondern unterstützt jederzeit
die geistige Verarbeitung unserer Eindrücke und Erfahrungen.

Koriander
Der würzige, fruchtige, leicht süße Duft des Korianderöls ver-
bessert das Gedächtnis und steigert die Konzentration.
Darüber hinaus entfacht er Kreativität.

Lemongras (Zitronengras)
Der zitronenartige, milde Duft des Lemongrasöls stimuliert den
gesamten Organismus. Er stimmt optimistisch und begegnet
einem Konzentrationsmangel.

Limette
Der zitrusartige, frische, leicht herbe Duft des Limettenöls ist ein
Muntermacher und verhilft zu Konzentration.

Mandarine
Der süßliche, blumige Duft des Mandarinenöls erhöht die Lern-
leistung und klärt verwirrten Geist. Für Kinder bei schulischer
Überforderung.

Melisse
Der angenehme, zitrusartige Duft des Melissenöls ist ein Lebenselixier und Geiststimulans vor Prüfungen und in allen Streßbela-
stungen. Er ist aufbauend und erheitert bei »schwarzen Gedanken« und nach Schocks.

Minze ***
Der starke, mentholartige Duft des Minzenöls kühlt den Kopf,
wenn er »raucht«, klärt den Geist, bringt Ideen hervor, weckt Interessen. Er verbessert Aufmerksamkeit, Konzentration und
Merkfähigkeit. Und zu allem hebt er das Selbstvertrauen.

Muskatellersalbei
Der warme, süßliche, nußartige, holzige Duft des Muskatellersalbeiöls erleichtert Umdenken und geistige Anpassungsfähigkeit. Kreativ Tätigen ist er willkommen als Inspirationshilfe.

Nelke
Der stark süßliche, scharfe, brennende Duft des Gewürznelkenöls regt den Geist an und schafft dadurch Abhilfe bei Konzentrationsschwierigkeiten und Gedächtnisstörungen. Überdies hilft er
uns, Altes und Vergangenes hinter uns zu lassen und zu neuen
geistigen Ufern aufzubrechen.

Neroli
Der bittersüße, betörende, feminine, feine Duft des Nerolióls (=
Orangenblütenöl aus bitteren Orangen, sprich Pomeranzen)
stärkt die Wahrnehmungsfähigkeit und dämpft geistig-seelische
Überreaktion (Hysterie, Panik etc.). Er löst Prüfungsangst, Lampenfieber und Leistungsdruck auf. Das EEG zeigt, daß Neroliól
ebenso wie Jasminöl zu vermehrten Alpha-, Theta- und Deltawellen im Gehirn führt, was seine geistentspannende = kreativitätsfördernde Wirkung beweist.

Patschuli
Der herbe, aufdringliche, schwere, stechende, erdige Duft des
Patschulióls hält unsere Gedanken zusammen.

Rosmarin ***
Der würzige, scharfe, durchdringende, leicht kampferartige Duft
des Rosmarinöls ist ein zuverlässiger Muntermacher des Hirns.
Er regt alle Denkprozesse an. Er schärft die Sinne und damit die
aktive Aufmerksamkeit. Und er unterstützt das Konzentrations-
und das Erinnerungsvermögen ebenso wie die Organisationsfähigkeit.
»Hier ist Rosmarin – nimm es für dein Gedächtnis«, läßt Shakespeare Ophelia in »Hamlet« sagen.

Neuerdings wird Rosmarinölaroma gegen erhöhten Cholesterinspiegel und gegen Gefäßverkalkung eingesetzt.

Sandelholz

Der balsamisch-süßliche, harzige, samtige orientalische Duft des Sandelholzöls wird im Buddhismus für Meditation und spirituelle Erfahrung genutzt. In der Heilkunde dient das Sandelholzaroma der geistigen, seelischen und nervlichen Harmonisierung: der Zähmung von Streß und der Hebung der Stimmung.

Thymian

Der würzige, stechende, krautige Duft des Thymianöls hilft zu hohen Cholesterinspiegel senken und geistige Schwächezustände sowie Lethargie überbrücken. Er regt das Denken an und verbessert das Gedächtnis.

Weihrauch

Der frische, balsamische, harzige Duft des Weihrauchöls bewirkt – wie das EEG zeigt – eine Verlangsamung der Gehirnwellentätigkeit, ist also besonders bei der Meditation und der damit verbundenen Läuterung des Geistes hilfreich. Inspirationen ebnet er den Weg. Er vertieft gleichzeitig die Atmung. Zudem löst er grüblerische Zukunftsangst oder Vergangenheitsfixierung auf. Er hilft bei Entscheidungsfindungen.

Ylang-Ylang

Der exotische, sinnliche, süße, blumige »Duft der Düfte« (das ist die Bedeutung des Namens Ylang-Ylang) wirkt auf die Hirnanhangdrüse und vertreibt Frustration und innere Unruhe. Die Sinne belebt er.

Ysop

Der krautige, etwas herbe Duft des Ysopöls erzeugt Wachheit und Klarheit des Geistes und fördert die Konzentration.

Zimt

Der warme, würzige Duft des Zimtrindenöls löst Verspannungen und begünstigt Meditation, Inspiration und Kreativität.

Zitrone

Der frische, freche, säuerliche Duft des Zitronenöls ist bei geistiger Unbeweglichkeit angebracht. Er belebt den Geist, was u. a. der Konzentration zugute kommt. Ein Geheimtyp gegen Gehirnverkalkung.

Zypresse

Der nußartige, männliche, rauchige, holzige Duft des Zypressenöls hilft uns zu vermeiden, daß wir »durchdrehen«, wenn die Nerven überreizt sind. Er stellt ein Stimmungsgleichgewicht her. Überdies stärkt er die Konzentrationskraft. Zögerern und Zauderern erleichtert er, eine Entscheidung zu fällen.

Nutzen wir also die gehirnaktivierenden, die Lernprozesse anregenden und das logische und intuitive Denken versöhnenden Eigenschaften der Düfte ätherischer Öle. Ein »dufter« Weg zu geistiger Fitneß: das Riecherlebnis!

Farbtherapie

Heilquelle: Farbe. Unterstützt Rot, Orange, Gelb, Grün, Blau, Indigo oder Violett die geistige Fitneß?
Von den drei Grundfarben ist Rot die Farbe des Wollens und der Vitalität, Gelb die Farbe des Denkens und der Weisheit, Blau die Farbe des Wollens und der Spiritualität.
Von den genannten Primärfarben leiten sich die Sekundärfarben ab. Die Sekundärfarben sind Mischungen: Orange aus Rot und Gelb; Grün aus Gelb und Blau; Indigo aus Orange, Grün, Blau und Purpur; und Violett aus Rot und Blau.
Entsprechend der Kombination sind ihre Wirkungen. In unserem

Rahmen berücksichtigen wir allein die Wirkung auf Geist, Hirn und Nerven.

Die Farbenheilkunde war schon den alten Kulturen von China über Indien und Ägypten bis zu den Indianern Mexikos und Perus vertraut.

Gelb

Gelb ist die Farbe der Farben, wenn es um geistige Fitneß geht. Das leichte, heitere, muntere, freundliche, befreiende Gelb steigert die mentalen und schulischen Leistungen: Es regt die Intelligenz und den Verstand an, es fördert die Denkkraft und den Scharfsinn, und es weckt Interessen. Zudem soll es Kalkablagerungen auflösen.

Wer allerdings Intellekt und Logik, sezierendes und analysierendes Denken schon überbetont, meide Gelb.

Orange

Das aufbauende, anspornende, wärmende Orange kräftigt die Konzentrationsfähigkeit wie die Merkfähigkeit. Ebenso kurbelt es wie Gelb Interessen an. Orange entspricht den langsamen Betawellen.

Grün

Die ausgleichende, harmonische, vermittelnde, entlastende, erfrischende Farbe der Natur, Grün, regeneriert das erschöpfte Nervensystem. Grün entfaltet Kreativität und vermittelt Selbstbewußtsein. Grün entspricht den Delta-Wellen.

Blau

Das kühlende, stillende, lindernde, zurückhaltende Blau stimmt uns auf die Unendlichkeit ein und öffnet uns der Inspiration. Es dämpft Angst und Erregung. Blau entspricht den Alphawellen und den Thetawellen. (Über Gehirnwellen: 4. Kapitel des 2. Teils.)

Indigo

Indigo dient der Selbstbeherrschung wie der Gelassenheit und Sammlung und entwickelt geistige Fertigkeiten. Es erleichtert den Zugang zu im Unbewußten vergrabenen Erinnerungen. Im spirituellen Bereich hilft Indigo das dritte Auge öffnen bzw. den sechsten Sinn wecken. Es »vergeistigt« den Menschen.

Violett

Das dämpfende, hypnotische, geheimnisvolle, erhabene Violett verhilft uns zu »Schwerelosigkeit«. Es fördert die Sensibilität und begünstigt innere Visionen. Künstler, Designer und Geistesarbeiter z. B. bedienen sich des Violetts zur Entfaltung der Schöpferkraft. In der Spiritualität ist Violett die entgrenzende Farbe der Mystik und des kosmischen Bewußtseins.

Rot

Das aggressive, alarmierende, leidenschaftliche, aufreizende Rot ist im allgemeinen der geistigen Leistung abträglich. In bestimmten Fällen mag es Depression und Lethargie überwinden helfen. Rot entspricht den schnellen Betawellen.

Um das Gehirn durch die Naturkraft Farbe zu animieren und zu aktivieren, bieten sich hauptsächlich 3 Möglichkeiten an:

1) *Farbenbestrahlung*: Wer sich kein professionelles Gerät für Farbenbestrahlung anschaffen will, kann eine Steh- oder Schreibtischlampe mit farbiger elektrischer Birne (60 bis 100 Watt) zur Bestrahlung verwenden. Oder man setzt sich ans Fenster und läßt sich durch ein am Fenster befestigtes farbiges Zellglas von der Sonne bestrahlen. Farbenbestrahlung: 15–30 min.

2) *Farbenbeleuchtung*

3) *Farbensehen*: Wir umgeben uns mit den ausgewählten Farben in Kleidung und Wohnung (Tapeten, Vorhänge, Teppiche, Einrichtungsgegenstände).

Samadhi-Tank, Graham-Potentializer und Co.

Geistmaschinen im Vormarsch

Sie erobern unter geheimnisvollen, wohlklingenden Namen den Markt: »Floating Tank«, »Twist Box«, »Cephscope«, »Sound Dome«, »Lumatron«, »Graham Potentializer«, »Alpha Chair«, »Reflection Chamber«, »Genesis«, »Vibrasound«, »Brainlight« usw.

Zwischen ein paar Hundertern und 100 Tausendern liegen die DM-Preise der Mind/Brain-Machines (Geist/Gehirn-Maschinen), die versprechen, uns zu geistiger Fitneß zu verhelfen.

Wer sich nicht selbst einen solchen hirnbelebenden Apparat anschaffen will, kann wohl schon in naher Zukunft ein »Brainstudio« aufsuchen, eine »Tankstelle für den Geist«. Denn die ›Geistsalons‹, die sich als »Urlaubsparadiese für den Geist« anpreisen, schießen in den großen Städten wie Pilze aus dem Boden. Wir werfen eine Münze ein oder drücken auf einen Knopf und lassen in einer Brain-Session unser Hirn »kitzeln«, um unsere geistige Leistungsfähigkeit zu steigern.

Die famosen Hirn-Maschinen versprechen übrigens nicht nur, uns zu Schnelldenkern und Schnellernern zu machen. Sie können noch mehr – laut Reklame: Sie setzen uns z. B. in die Lage, mit den Verstorbenen Austausch zu pflegen, Kontakte zu anderen Intelligenzen herzustellen, Engel zu werden und Mystiker sowieso, außerkörperliche Erfahrungen zu gewinnen, Euphorie und tranceartige Visionen auszulösen, die Schlafqualität und -tiefe zu verbessern, akute Schmerzen zu lindern, die Widerstandsfähigkeit gegen Infektionskrankheiten zu erhöhen, Depressionen und Sinnlosigkeitsgedanken oder Drogensucht erfolgreich zu bekämpfen, die Selbstheilungskräfte zu mobilisieren und so Heilungsprozesse zu unterstützen.

Die Geistmaschinen haben einen Siegeszug auf breiter Front angetreten. Der Geistmaschinenbewegung haben sich Ganzheitsmediziner und Heilpraktiker ebenso angeschlossen wie Manager, Meditierer oder Sportler.

Treffend formuliert der Leitartikelschreiber in einem »Geist, Gehirn und Gedankenwelten« betitelten »Connection special«: »Innovativ, handlich, computergesteuert und für alle zugänglich, avancieren sie (die Mind/Brain-Machines) rasch zu den Emblemen einer Vermischung von Meditation und Cyber-Punk, Entspannung und Philosophie, Geist und Management, Heilung und Bewußtsein, Pop und Abenteuer, Disco und Diskurs.«

Lassen wir einmal das Wortgeklingel der Propagandisten der Fitneß-Center für den Geist und der enthusiastischen Fans der Neuro-Szene beiseite, die glauben machen möchten, die High-Tech-Maschinen könnten am laufenden Band Genies kreieren, ausgestattet mit »Megahirnen« (mega, griech.: groß oder millionenfach).

Fragen wir nüchtern: Sind die Geist/Gehirn-Maschinen als mentale »Sport- und Trainingsgeräte« brauchbar?

Hirnmaschinen sind natürlich nicht gleich Hirnmaschinen. Es gibt handliche Zwerge in kostengünstigem Taschenformat sowie Kolosse und Giganten, und vor allem gibt es unterschiedliche Systeme.

Gemeinsam ist den Gehirnmaschinen, daß sie das Gehirn stimulieren, indem sie die elektrische und (oder) die chemische Aktivität des Gehirns ändern.

Unterschiedlich ist, wie sie das Gehirn anregen – durch:

1. Licht
2. Ton (Klang)
3. Strom (Elektroimpulse)
4. Bewegung/Vibration

● Die durch Licht und Ton stimulierenden Mind-Machines – die optisch-akustischen oder audiovisuellen Geräte – sind am populärsten und am leichtesten zu handhaben.

Wir setzen eine Brille und Kopfhörer auf: Leuchtdioden werfen pulsierendes oder blitzendes Licht auf die geschlossenen Augen. Sychron mit den Lichtimpulsen über die LED-Brille empfangen wir Tonimpulse über die Kopfhörer: Klänge, eigenartige Sounds, Schall, Rauschen . . .

Die aufeinander abgestimmten Licht- und Tonsignale lassen uns aus dem Betazustand des gestreßten in den Alphazustand des entspannten Menschen gleiten. Das unbestechliche EEG registriert das Gehirnwellenmuster der Gelöstheit, wenn der Benutzer ohne Zeitgefühl in einem Farben- und Klangmeer badet. Sogar Thetawellen erscheinen, die ein sehr entspanntes Gehirn kennzeichnen. Nicht geeignet sind die optisch-akustischen Geräte für Epileptiker.

● Neben den akustisch-optischen Geräten bilden die Instrumente mit elektrischer Stimulation die zweite große Gruppe der Hirnmaschinen. Die Elektrostimulationsgeräte geben über Ohrenelektroden Ströme im Mikro-Ampère-Bereich ab.

Elektrostimulationsgeräte sind für Menschen mit Herzschrittmacher oder Herzrhythmusstörungen ungeeignet.

Durch Elektrostimulation werden nachweislich vermehrt Endorphine – im Gehirn selbst erzeugte Opiate – ausgeschüttet, die in der Tat die mentalen Leistungen beflügeln.

Ebenso werden durch Elektrostimulation die beiden Gehirnhälften einander angeglichen (Hemisphärensynchronisation). Mit anderen Worten: Zwischen der linken und der rechten Hirnhälfte wird ein Gleichgewicht hergestellt.

● Zusätzlich zu Licht, Ton und Strom setzen einzelne Mind/Brain-Machines Körperbewegung ein, rotierende oder schaukelnde Bewegung bzw. sanfte Vibration.

Beispiel Samadhi-Tank

Der Samadhi-Tank (Samadhi ist ein Sanskritwort und bezeichnet
in den östlichen Weisheitslehren den höchsten Bewußtseinszustand) oder Floating Tank (Schwebe-Tank) oder Isolationstank
oder Einsamkeitstank schirmt den Benutzer von allen äußeren
Reizen ab.

Die tankähnliche Kammer – rund 2,5 m lang, 1,4 m breit und 1,2
m hoch – ist zum einen völlig schall- und lichtisoliert. Es herrscht
völlige Stille und Dunkelheit. Zum andern fühlt der Benutzer weder Wärme noch Kälte, ebensowenig Berührung oder Druck,
wenn er entkleidet in einer hautfreundlichen körperwarmen Ep-
som-Bittersalz-Wasserlösung liegt, die ihn trägt wie das Tote
Meer. Im schwerelosen Zustand hat er das Gefühl zu schweben.

Der »sensorisch deprivierte« (wie es in der Wissenschaftssprache
heißt), also der den Sinnesreizen entzogene Tankbenutzer verliert sein Körpergefühl und entschwebt genüßlich in die tiefe Entspannung (Alpha- oder Theta-Zustand). Gedanken und Pläne
zerschmelzen. Die Probleme des Alltags entschwinden. Im Zustand sagenhafter Leichtigkeit wird der Geist frei zur Selbster-
fahrung – und aufgeschlossen für Merkstoffe. Es können Lern-
kassetten eingespielt werden, deren Inhalt im Zustand erhöhter
Wachheit bei gleichzeitiger Tiefenentspannung mühelos ins Unterbewußtsein fließt.

Erfinder des Samadhi-Tanks ist der amerikanische Wissenschaftler – Neurologe und Delphinforscher – Dr. John C. Lilly, der in
jahrzehntelanger Forschungsarbeit den Tank entwickelt hat,
über dessen Auswirkungen inzwischen zahlreiche wissenschaftliche Daten vorliegen, die die Entspannungsreaktionen mit all den
günstigen Einflüssen auf die geistigen Leistungen beweisen.

Gesundheitsamt Gehirn

Verheißungsvolles Schlußwort

Tausende und Abertausende Wundertaten verdanken Sie tagtäglich Ihrem Gehirn: Eben jetzt das Mirakel, das Buch aufschlagen, umblättern, lesen und verstehen zu können – und schließlich überlegen und entscheiden zu können, ob Sie das in dem Buch enthaltene Programm verwirklichen wollen.
Was spricht dafür?
1) Systematisch Praktizierende des Programms werden durch geistige Fitneß belohnt, den Preis, den Sie als Käufer und Leser des Ratgebers wohl erstreben. Doch damit nicht genug.
2) Wer sich erfolgreich um geistige Fitneß bemüht, dem fällt gleichzeitig als Geschenk körperlich Fitneß in den Schoß.
Denn das Gehirn ist mehr als ein bloßes Werkzeug des Geistes, das es zu schärfen und zu schleifen gilt. Es ist darüber hinaus das Gesundheitsamt unseres Organismus. Das Gehirn ist der dynamische Pilot, das Schalt- und Kommandozentrum des ganzen Körpers. Es überwacht, lenkt und ordnet unsere Lebensfunktionen: Verdauung, Stoffwechsel, Kreislauf, Atmung, Sexualität, Schlaf . . . Es steuert die Muskelbewegungen. Und: Wir hören, sehen, riechen, schmecken und tasten im Grunde mit dem Gehirn. Das Gehirn organisiert das Heer der Abwehrkörperchen, die uns schützen vor Giften und Krankheitserregern. Es stimuliert den Körper, jene Säfte und Kräfte zu produzieren, die unser Wohlbefinden sichern und im Krankheitsfall die Heilmechanismen in Gang setzen.
Die Sorge für den Körper ist sogar die erste und wichtigste Funktion des Gehirns – sagen die Fachgelehrten.
Die revolutionäre Wissenschaft vom Gehirn enthüllt: Das Gehirn öffnet das Schatzhaus der leib-seelisch-geistigen Gesundheit. Es ist – bei regelmäßigem Training – Schrittmacher eines langen zufriedenen Lebens.

Register